SeaEagle

SeaEagle

史記裡的經濟學

貨殖列傳

這本書讓你知道，
古代中國人是怎麼賺錢的！

司馬遷——原著
白鷺——編譯

前言

《貨殖列傳》是《史記》中的一篇經濟史傳，它之所以得到後世的推崇，是因為它提出了一個核心的價值觀：發財有理！

這在現代毋庸置疑，可是兩千多年前人們不是這麼想的。當時的主流思想是重義輕利，對於那些一天到晚討論怎麼賺錢的人，尤其是商人，是很看不起的。

兩千多年前，在中國陝西和山西交界的龍門山地區，誕生了中國歷史上的一位偉人。此人不是縱橫捭闔的將軍，也非權傾天下的帝王。他只不過是一名小吏，但是因為他忠實記錄下了從傳說中的黃帝到漢武帝時期幾千年的歷史，完成了煌煌巨著《史記》，使他在歷史功績上足以比肩秦皇漢武。

司馬遷之前的史學家從來都不屑於記載社會經濟情況。在這個時候，司馬遷出來大吼：「我們要以經濟建設為中心！」無疑意義非凡。

在他的史記中，他用了大量的篇幅來記述當時的社會經濟情況。他在《貨殖列傳》中不僅記錄當時富商大賈的事蹟，而且還總結了他們成功的經驗，明確地告訴人們：想要發財，就應該怎麼做。在他之後，歷代史家才開始將部分的目光投到社會民生方面。

「過去昭示未來，世界永遠如此。現在的事和將來的事，必定曾經在過去某個時間發生過。」日本人甚諳此道，所以《孫子兵法》、《三國演義》被他們運用於商戰中，縱橫捭闔，所向披靡。而《史記·貨殖列傳》記述的經商藝術，也日益引起人們的重視。

本書以《貨殖列傳》為基礎，融入現代金融理財觀念，用現代的眼光來解讀、剖析、梳理書中的歷史經驗的同時，用最新的商業案例來解讀司馬遷的經濟思想和商業思想。從舊典籍中，我們能獲得新的啟示，進而鋪開我們的致富之路。

目錄

第二章

致富之道，在於因時——怎樣富

第三章

千金之子，不死於市——富的例子

《史記・貨殖列傳》全文

老子曰：「至治之極，鄰國相望，雞狗之聲相聞，民各甘其食，美其服，安其俗，樂其業，至老死不相往來。」必用此為務，輓近世塗民耳目，則幾無行矣。

太史公曰：夫神農以前，吾不知已。至若詩書所述虞夏以來，耳目欲極聲色之好，口欲窮芻豢之味，身安逸樂，而心誇矜埶能之榮使。俗之漸民久矣，雖戶說以眇論，終不能化。故善者因之，其次利道之，其次教誨之，其次整齊之，最下者與之爭。

夫山西饒材、竹、穀、纑、旄、玉石；山東多魚、鹽、漆、絲、聲色；江南出柟、梓、薑、桂、金、錫、連、丹沙、犀、玳瑁、珠璣、齒革；龍門、碣石北多馬、牛、羊、旃裘、筋角；銅、鐵則千里往往山出棋置：此其大較也。皆中國人民所喜好，謠俗被服飲食奉生送死之具也。故待農而食之，虞而出之，工而成之，商而通之。此寧有政教發徵期會哉？人各任其能，竭其力，以得所欲。故物賤之徵貴，貴之徵賤，各勸其業，樂其事，若水之趨下，日夜無休時，不召而自來，不求而民出之。豈非道之所符，而自然之驗邪？

周書曰：「農不出則乏其食，工不出則乏其事，商不出則三寶絕，虞不出則財匱少。」財匱少而山澤不辟矣。此四者，民所衣食之原也。原大則饒，原小則鮮。上則富國，下則富家。貧富之道，莫之奪予，而巧者有餘，拙者不足。故太公望封於營丘，地潟鹵，人民寡，於是太公勸其女功，極技巧，通魚鹽，則人物歸之，繈至而輻湊。故齊冠帶衣履天下，海岱之間斂袂而往朝焉。其後齊中衰，管子修之，設輕重九府，則桓公以霸，九合諸侯，一匡天下；而管氏亦有三歸，位在陪臣，富於列國之君。是以齊富彊至於威、宣也。

故曰：「倉廩實而知禮節，衣食足而知榮辱。」禮生於有而廢於無。故君子富，好行其德；小人富，以適其力。淵深而魚生之，山深而獸往之，人富而仁義附焉。富者得埶益彰，失埶則客無所之，以而不樂。夷狄益甚。諺曰：「千金之子，不死於市。」此非空言也。故曰：「天下熙熙，皆為利來；天下壤壤，皆為利往。」夫千乘之王，萬家之侯，百室之君，尚猶患貧，而況匹夫編戶之民乎！

昔者越王句踐困於會稽之上，乃用范蠡、計然。計然曰：「知鬥則修備，時用則知物，二者形則萬貨之情可得而觀已。故歲在金，穰；水，毀；木，饑；火，旱。旱則資舟，水則資車，物之理也。六歲穰，六歲旱，十二歲一大饑。夫糶，二十病農，九十病末。末病則財不出，農病則草不辟矣。上不過八十，下不減三十，則農末俱利，平糶齊物，關市不乏，治國之道也。積著之理，務完物，無息幣。以物相貿易，腐敗而食之貨勿留，無敢居貴。論其有餘不足，則知貴賤。貴上極則反賤，賤下極則反貴。貴出如糞土，賤取如珠玉。財幣欲其行如流水。」修之十年，國富，厚賂戰士，士赴矢石，如渴得飲，遂報彊吳，觀兵中國，稱號「五霸」。

范蠡既雪會稽之恥，乃喟然而歎曰：「計然之策七，越用其五而得意。既已施於國，吾欲用之家。」乃乘扁舟浮於江湖，變名易姓，適齊為鴟夷子皮，之陶為朱公。朱公以為陶天下之中，諸侯四通，貨物所交易也。乃治產積居。與時逐而不責於人。故善治生者，能擇人而任時。十九年之中三致千金，再分散與貧交疏昆弟。此所謂富好行其德者也。後年衰老而聽子孫，子孫脩業而息之，遂至巨萬。故言富者皆稱陶朱公。

子贛既學於仲尼，退而仕於衛，廢著鬻財於曹、魯之間，七十子之徒，賜最為饒益。原憲不厭糟糠，匿於窮巷。子貢結駟連騎，束帛之幣以聘享諸侯，所至，國君無不分庭與之抗禮。夫使孔子名布揚於天下者，子貢先後之也。此所謂得埶而益彰者乎？

白圭，周人也。當魏文侯時，李克務盡地力，而白圭樂觀時變，故人棄我取，人取我與。大歲孰取穀，予之絲漆；繭出取帛絮，予之食。太陰在卯，穰；明歲衰惡。至午，旱；明歲美。至酉，穰；明歲衰惡。至子，大旱；明歲美，有水。至卯，積著率歲倍。欲長錢，取下穀；長石斗，取上種。能薄飲食，忍嗜欲，節衣服，與用事僮僕同苦樂，趨時若猛獸摯鳥之發。故曰：「吾治生產，猶伊尹、呂尚之謀，孫吳用兵，商鞅行法是也。是故其智不足與權變，勇不足以決斷，仁不能以取予，彊不能有所守，雖欲學吾術，終不告之矣。」蓋天下言治生祖白圭。白圭其有所試矣，能試有所長，非苟而已也。

猗頓用盬鹽起。而邯鄲郭縱以鐵冶成業，與王者埒富。

烏氏倮畜牧，及眾，斥賣，求奇繒物，間獻遺戎王。戎王什倍其償，與之畜，畜至用谷量馬牛。秦始皇帝令倮比封君，以時與列臣朝請。而巴寡婦清，其先得丹穴，而擅其利數世，家亦不訾。清，寡婦也，能守其業，用財自衛，不見侵犯。秦皇帝以為貞婦而客之，為築女懷清台。夫倮鄙人牧長，清窮鄉寡婦，禮抗萬乘，名顯天下，豈非以富邪？

漢興，海內為一，開關梁，弛山澤之禁，是以富商大賈周流天下，交易之物莫不通，得其所欲，而徙豪傑諸侯彊族於京師。

關中自汧、雍以東至河、華，膏壤沃野千里，自虞夏之貢以為上田，而公劉適邠，大王、王季在岐，文王作豐，武王治鎬，故其民猶有先王之遺風，好稼穡，殖五穀，地重，重為邪。及秦文、繆居雍，隙隴蜀之貨物而多賈。獻公徙櫟邑，櫟邑北卻戎翟，東通三晉，亦多大賈。昭治咸陽，因以漢都，長安諸陵，四方輻湊並至而會，地小人眾，故其民益玩巧而事末也。南則巴蜀。巴蜀亦沃野，地饒卮、薑、丹沙、石、銅、鐵、竹、木之器。南禦滇僰，僰僮。西近邛笮，笮馬、旄牛。然四塞，棧道千里，無所不通，唯褒斜綰轂其口，以所多易所鮮。天水、隴西、北地、上郡與關中同俗，然西有羌中之利，北有戎翟之畜，畜牧為天下饒。然地亦窮險，唯京師要其道。故關中之地，於天下三分之一，而人眾不過什三；然量其富，什居其六。

昔唐人都河東，殷人都河內，周人都河南。夫三河在天下之中，若鼎足，王者所更居也，建國各數百千歲，土地小狹，民人眾，都國諸侯所聚會，故其俗纖儉習事。楊、平陽陳西賈秦、翟，北賈種、代。種、代，石北也，地邊胡，數被寇。人民矜懻忮，好氣，任俠為奸，不事農商。然迫近北夷，師旅亟往，中國委輸時有奇羨。其民羯羠不均，自全晉之時固已患其僄悍，而武靈王益厲之，其謠俗猶有趙之風也。故楊、平陽陳掾其間，得所欲。溫、軹西賈上黨，北賈趙、中山。中山地薄人眾，猶有沙丘紂淫地餘民，民俗懁急，仰機利而食。丈夫相聚遊戲，悲歌慷慨，起則相隨椎剽，休則掘冢作巧奸冶，多美物，為倡優。女子則鼓鳴瑟，跕屣，游媚貴富，入後宮，遍諸侯。

然邯鄲亦漳、河之間一都會也。北通燕、涿，南有鄭、衛。鄭、衛俗與趙相類，然近梁、魯，微重而矜節。濮上之邑徙野王，野王好氣任俠，衛之風也。

夫燕亦勃、碣之間一都會也。南通齊、趙，東北邊胡。上谷至遼東，地踔遠，人民希，數被寇，大與趙、代俗相類，而民雕捍少慮，有魚鹽棗栗之饒。北鄰烏桓、夫餘，東綰穢貉、朝鮮、真番之利。

洛陽東賈齊、魯，南賈梁、楚。故泰山之陽則魯，其陰則齊。

齊帶山海，膏壤千里，宜桑麻，人民多文采布帛魚鹽。臨菑亦海岱之間一都會也。其俗寬緩闊達，而足智，好議論，地重，難動搖，怯於眾鬥，勇於持刺，故多劫人者，大國之風也。其中具五民。

而鄒、魯濱洙、泗，猶有周公遺風，俗好儒，備於禮，故其民齪齪。頗有桑麻之業，無林澤之饒。地小人眾，儉嗇，畏罪遠邪。及其衰，好賈趨利，甚於周人。

夫自鴻溝以東，芒、碭以北，屬巨野，此梁、宋也。陶、睢陽亦一都會也。昔堯作成陽，舜漁於雷澤，湯止於亳。其俗猶有先王遺風，重厚多君子，好稼穡，雖無山川之饒，能惡衣食，致其蓄藏。

越、楚則有三俗。夫自淮北沛、陳、汝南、南郡，此西楚也。其俗剽輕，易發怒，地薄，寡於積聚。江陵故郢都，西通巫、巴，東有雲夢之饒。陳在楚夏之交，通魚鹽之貨，其民多賈。徐、僮、取慮，則清刻，矜己諾。

彭城以東，東海、吳、廣陵，此東楚也。其俗類徐、僮。朐、繒以北，俗則齊。浙江南則越。夫吳自闔廬、春申、王濞三人招致天下之喜遊子弟，東有海鹽之饒，章山之銅，三江、五湖之利，亦江東一都會也。

衡山、九江、江南、豫章、長沙，是南楚也，其俗大類西楚。郢之後徙壽春，亦一都會也。而合肥受南北潮，皮革、鮑、木輸會也。與閩中、干越雜俗，故南楚好辭，巧說少信。江南卑濕，丈夫早夭。多竹木。豫章出黃金，長沙出連、錫，然菫菫物之所有，取之不足以更費。九疑、蒼梧以南至儋耳者，與江南大同俗，而楊越多焉。番禺亦其一都會也，珠璣、犀、玳瑁、果、布之湊。

潁川、南陽，夏人之居也。夏人政尚忠樸，猶有先王之遺風。潁川敦愿。秦末世，遷不軌之民於南陽。南陽西通武關、鄖關，東南受漢、江、淮。宛亦一都會也。俗雜好事，業多賈。其任俠，交通潁川，故至今謂之「夏人」。

夫天下物所鮮所多，人民謠俗，山東食海鹽，山西食鹽鹵，領南、沙北固往往出鹽，大體如此矣。

總之，楚越之地，地廣人希，飯稻羹魚，或火耕而水耨，果隋嬴蛤，不待賈而足，地埶饒食，無饑饉之患，以故呰窳偷生，無積聚而多貧。是故江淮以南，無凍餓之人，亦無千金之家。沂、泗水以北，宜五穀桑麻六畜，地小人眾，數被水旱之害，民好畜藏，故秦、夏、梁、魯好農而重民。三河、宛、陳亦然，加以商賈。齊、趙設智巧，仰機利。燕、代田畜而事蠶。

由此觀之，賢人深謀於廊廟，論議朝廷，守信死節隱居巖穴之士設為名高者安歸乎？歸於富厚也。是以廉吏久，久更富，廉賈歸富。富者，人之情性，所不學而俱欲者也。故壯士在軍，攻城先登，陷陣卻敵，斬將搴旗，前蒙矢石，不避湯火之難者，為重賞使也。其在閭巷少年，攻剽椎埋，劫人作姦，掘塚鑄幣，任俠并兼，借交報仇，篡逐幽隱，不避法禁，走死地如鶩者，其實皆為財用耳。今夫趙女鄭姬，設形容，揳鳴琴，揄長袂，躡利屣，目挑心招，出不遠千里，不擇老少者，奔富厚也。游閑公子，飾冠劍，連車騎，亦為富貴容也。弋射漁獵，犯晨夜，冒霜雪，馳阬谷，不避猛獸之害，為得味也。博戲馳逐，鬥雞走狗，作色相矜，必爭勝者，重失負也。醫方諸食技術之人，焦神極能，為重糈也。吏士舞文弄法，刻章偽書，不避刀鋸之誅者，沒於賂遺也。農工商賈畜長，固求富益貨也。此有知盡能索耳，終不餘力而讓財矣。

諺曰：「百里不販樵，千里不販糴。」居之一歲，種之以穀；十歲，樹之以木；百歲，來之以德。德者，人物之謂也。今有無秩祿之奉，爵邑之入，而樂與之比者。命曰「素封」。封者食租稅，歲率戶二百。千戶之君則二十萬，朝覲聘享出其中。庶民農工商賈，率亦歲萬息二千，百萬之家則二十萬，而更傜租賦出其中。衣食之欲，恣所好美矣。故曰陸地牧馬二百蹄，牛蹄角千，千足羊，澤中千足彘，水居千石魚陂，山居千章之材。安邑千樹棗；燕、秦千樹栗；蜀、漢、江陵千樹橘；淮北、常山已南，河濟之間千樹萩；陳、夏千畝漆；齊、魯千畝桑麻；渭川千畝竹；及名國萬家之城，帶郭千畝畝鍾之田，若千畝卮茜，千畦薑韭：此其人皆與千戶侯等。然是富給之資也，不窺市井，不行異邑，坐而待收，身有處士之義而取給焉。若至家貧親老，妻子軟弱，歲時無以祭祀進醵，飲食被服不足以自通，如此不慚恥，則無所比矣。是以無財作力，少有鬥智，既饒爭時，此其大經也。今治生不待危身取給，則賢人勉焉。是故本富為上，末富次之，奸富最下。無巖處奇士之行，而長貧賤，好語仁義，亦足羞也。

凡編戶之民，富相什則卑下之，伯則畏憚之，千則役，萬則僕，物之理也。夫用貧求富，農不如工，工不如商，刺繡文不如倚市門，此言末業，貧者之資也。通邑大都，酤一歲千釀，醯醬千瓨，漿千甔，屠牛羊彘千皮，販穀糶千鍾，薪稿千車，船長千丈，木千章，竹竿萬箇，其軺車百乘，牛車千兩，木器髹者千枚，銅器千鈞，素木鐵器若卮茜千石，馬蹄躈千，牛千足，羊彘千雙，僮手指千，筋角丹沙千斤，其帛絮細布千鈞，文采千匹，榻布皮革千石，漆千斗，糵麴鹽豉千荅，鮐鮆千斤，鯫千石，鮑千鈞，棗栗千石者三之，狐鼦裘千皮，羔羊裘千石，旃席千具，佗果菜千鍾，子貸金錢千貫，節駔會，貪賈三之，廉賈五之，此亦比千乘之家，其大率也。佗雜業不中什二，則非吾財也。

請略道當世千里之中，賢人所以富者，令後世得以觀擇焉。

蜀卓氏之先，趙人也，用鐵冶富。秦破趙，遷卓氏。卓氏見虜略，獨夫妻推輦，行詣遷處。諸遷虜少有餘財，爭與吏，求近處，處葭萌。唯卓氏曰：「此地狹薄。吾聞汶山之下，沃野，下有蹲鴟，至死不饑。民工於市，易賈。」乃求遠遷。致之臨邛，大喜，即鐵山鼓鑄，運籌策，傾滇蜀之民，富至僮千人。田池射獵之樂，擬於人君。

程鄭，山東遷虜也，亦冶鑄，賈椎髻之民，富埒卓氏，俱居臨邛。

宛孔氏之先，梁人也，用鐵冶為業。秦伐魏，遷孔氏南陽。大鼓鑄，規陂池，連車騎，游諸侯，因通商賈之利，有游閒公子之賜與名。然其贏得過當，愈於纖嗇，家致富數千金，故南陽行賈盡法孔氏之雍容。

魯人俗儉嗇，而曹邴氏尤甚，以鐵冶起，富至巨萬。然家自父兄子孫約，俛有拾，仰有取，貰貸行賈遍郡國。鄒、魯以其故多去文學而趨利者，以曹邴氏也。

齊俗賤奴虜，而刀閒獨愛貴之。桀黠奴，人之所患也，唯刀閒收取，使之逐漁鹽商賈之利，或連車騎，交守相，然愈益任之。終得其力，起富數千萬。故曰「寧爵毋刀」，言其能使豪奴自饒而盡其力。

周人既纖，而師史尤甚，轉轂以百數，賈郡國，無所不至。洛陽街居在齊秦楚趙之中，貧人學事富家，相矜以久賈，數過邑不入門，設任此等，故師史能致七千萬。

宣曲任氏之先，為督道倉吏。秦之敗也，豪傑皆爭取金玉，而任氏獨窖倉粟。楚漢相距滎陽也，民不得耕種，米石至萬，而豪傑金玉盡歸任氏，任氏以此起富。富人爭奢侈，而任氏折節為儉，力田畜。田畜人爭取賤賈，任氏獨取貴善。富者數世。然任公家約，非田畜所出弗衣食，公事不畢則身不得飲酒食肉。以此為閭里率，故富而主上重之。

塞之斥也，唯橋姚已致馬千匹，牛倍之，羊萬頭，粟以萬鍾計。吳楚七國兵起時，長安中列侯封君行從軍旅，齎貸子錢，子錢家以為侯邑國在關東，關東成敗未決，莫肯與。唯無鹽氏出捐千金貸，其息什之。三月，吳楚平，一歲之中，則無鹽氏之息什倍，用此富埒關中。

關中富商大賈，大抵盡諸田，田嗇、田蘭。韋家栗氏，安陵、杜杜氏，亦巨萬。

此其章章尤異者也。皆非有爵邑奉祿弄法犯奸而富，盡椎埋去就，與時俯仰，獲其贏利，以末致財，用本守之，以武一切，用文持之，變化有概，故足術也。若至力農畜，工虞商賈，為權利以成富，大者傾郡，中者傾縣，下者傾鄉里者，不可勝數。

夫纖嗇筋力，治生之正道也，而富者必用奇勝。田農，掘業，而秦揚以蓋一州。掘塚，奸事也，而田叔以起。博戲，惡業也，而桓發用富。行賈，丈夫賤行也，而雍樂成以饒。販脂，辱處也，而雍伯千金。賣漿，小業也，而張氏千萬。灑削，薄技也，而郅氏鼎食。胃脯，簡微耳，濁氏連騎。馬醫，淺方，張里擊鐘。此皆誠壹之所致。

由是觀之，富無經業，則貨無常主，能者輻湊，不肖者瓦解。千金之家比一都之君，巨萬者乃與王者同樂。豈所謂「素封」者邪？非也？

第一章

富者，人之情性——商的本質

天下熙熙，皆為利來——人趨利享樂的本能

【原文】

故曰：「天下熙熙，皆為利來；天下壤壤，皆為利往。」夫千乘之王，萬家之侯，百室之君，尚猶患貧，而況匹夫編戶之民乎！

【語譯】

天下人一天到晚熙熙攘攘忙忙碌碌，無非就是為了利。國君、侯爵、官吏這些有錢的都害怕貧窮，更別說本來就沒什麼錢的小老百姓了。

【原文釋評】

追逐利益，是人類強烈的欲望，是天性，是本能，只要是在這個社會上生存，就一定會參與到各種商業活動中。「天下壤壤皆為利往，天下熙熙皆為利來」，無論是企業還是個人，為了生存，就一定要

去追逐利益，作為政府或企業的決策者，也要從這一點去引導自己這個群體的發展走向。民眾富裕了，國家才會強盛；職員不用為了衣食住行憂愁，才會安心地去努力工作，是以，追求利益是無可厚非的，而且是值得鼓勵的。

幾千年前的太史公給我們揭示了一個真理：「富者，人之情性，所不學而俱欲者也。」物質生活的享受和提高是人們所普遍要求的，是客觀必然的。他從肯定財產私有出發，指出人的性情在於求富，追逐物質滿足是由人的本性所決定的。士農工商，不管是商人、農民還是將軍、宰相，大家愛財的本性都一樣。他承認人們首先要有「吃喝住穿」這個基本事實，同時他認為人們自發的營利活動是合乎規律的社會準則，重視社會生產活動，肯定了透過正當合法的途徑來謀取個人利益的正確性，把社會經濟活動看成是不以人的主觀意志為轉移的客觀過程。

好「利」乃人之天性

「利」往小的說是「財」的代言，往大的說就是滿足人們各種的需求。在著名的馬斯洛需求層次理論中，生理上的需要排在所有需要之前位列第一，這是人類維持自身生存的最基本要求，依次下來是安全需要、情感需要、尊重需要、自我實現的需要。不能否認，連滿足最低層需求都離不開財。正是這些由低到高的需求，決定了人趨利的本性。

【蘇秦翻身得榮】

戰國時代有一門非常吃香的職業——遊說業。也就是遊說各國國君，讓他們支持或反對日益強大的秦國。做這個職業的人叫說客，用現代的話說叫外交家或者叫談判專家。在這個行業裡，有兩個業務做得相當優秀的人，一個叫張儀一個叫蘇秦，兩人是同學，都是鬼谷子老師的教出來的。而現在我們要講的就是其中之一——蘇秦。

蘇秦出身貧賤，刻苦讀書，希望成就一番大事業，他向秦惠王遞了數十次自薦書和策劃書都石沉大海。眼看著衣服破了，錢財也用完了，還沒找到頭緒，他只得返回家鄉。但是家沒有成為他避風的港灣，當家人看到他穿著草鞋、形容枯槁的狼狽相時，都鄙視他，連他的妻子和父母也對他愛理不理的，蘇秦感慨萬分，於是「頭懸樑，錐刺股」繼續刻苦攻讀。一年後，他再次向趙王提出意見及建議，終於被採納，被封為武安君，他提出的著名的「合縱」主張，得到了韓、趙、魏、齊、燕這幾個大國的認同，於是「身佩六國相印」，在這幾個國家當顧問。後來，蘇秦路過家鄉，父母忙不迭的為他收拾屋子、置辦酒筵，妻子、嫂子更是恭敬地跪在地上迎接他。蘇秦不由得問嫂嫂：「嫂嫂啊，你以前那麼傲慢，為什麼現在對我卻這麼恭敬？」嫂嫂也說出了老實話：「因為二叔你的地位尊貴，錢財多嘛！」搞得蘇秦不無感歎地說：「一個人貧困的時候，連親生父母都不想認自己的兒子，而一旦富貴榮華，所有親人都會畏懼、奉迎。是以，人生在世怎麼可以忽視功名利祿？」

這個故事是小市民階層「嫌貧愛富」心態的一個縮影，但同時也說明了人們普遍的趨利享樂的本能。「天下壤壤皆為利往，天下熙熙皆為利來」司馬遷的這句話一語中的，點中了要害。

還有一個類似的故事，說的是「戰國四公子」之一的孟嘗君。孟嘗君是齊國的貴族，家裡養了很多門客，號稱門客三千，「養士」是戰國時代的一種社會風尚，林子大了什麼鳥都有，這些門客裡面有真本事的人不少，當然混吃混喝的人也有。一次，孟嘗君得罪了國君而遭貶謫，被逐出了齊都，他養的三千門客也大多是大難臨頭各自飛，樹倒猢猻散。後來他又得寵了，返回國都，他非常怨恨那些可以同富貴、不能共患難的人，準備把他們殺了才心甘。這時，一個人出來對他說：「事物總有它發展的必然結果，道理也有它發展的必然規律，就像是人總有一死一樣。『**富貴則就之，貧賤則去之。此事之必至，理之固然者。**』人有錢有勢，別人就會來親近他；若貧窮低賤，別人就會遠離他，這是必然的規律。」於是，孟嘗君也就寬恕了那些人。

錦上添花的人很多，雪中送炭的人就難能可貴了。

佛家有這樣一個故事：乾隆皇帝遊玩江南。當這個皇上看到太湖上千帆競發，百舸爭流時，他給身邊陪著他的老和尚出了個難題：「眼下太湖上有幾條船？」老和尚不慌不忙地回答：「回陛下，有兩條船。」他接著解釋道：「來往的船雖然很多，但歸納起來不過只有兩條，一條為名，一條為利。」

和尚的話充滿了禪機，也完全把司馬遷這句「天下攘攘皆為利往，天下熙熙皆為利來」闡釋得淋漓盡致了。

人們把俗世也叫做紅塵，也和這句話有關。中國古代往往把都城建在關中這一帶，無論是秦朝的咸陽還是漢朝的長安都在黃土高原上，是政治、經濟、文化的中心，都城自然成了人們追名逐利的地方，每日往來於官道上的車馬，紛紛攘攘過去後總能把這黃土地質的土路揚起漫天的塵十，在夕陽下捲起的塵土在當時長安人看來是紅色的，故有紅塵之說。天下之人無非紅塵中人，天下之事莫過於錢利之事。試問，誰又能真正脫離紅塵了？

利之最大表現形式是錢，晉朝的魯褒寫了一篇《錢神論》來說明錢的作用，雖然偏頗，卻也反映了人們對金錢的汲汲追求：

錢之為體，有乾有坤……失之則貧弱，得之則富強……錢多者處前，錢少者居後……錢之所在，危可使安，死可使活，錢之所去，貴可使賤，生可使殺，是故忿諍辯訟，非錢不勝，孤弱幽滯，非錢不拔，怨仇嫌恨，非錢不解，令問笑談，非錢不發，諺曰：錢無耳，可闇使，豈虛也哉。又曰：有錢可使鬼，而況於人乎……故曰：君無財則士不來，君無賞則士不往，諺曰：官無中人，不如歸田。雖有中人，而無家兄，何異無足而欲行，無翼而欲翔。

也就是說：錢幣的形體外圓內方，就像是模仿天圓地方的，人有沒有它，就存在著兩種差別——有了它，就財大氣粗，沒有它，就貧困潦倒……即使有了它，還要看擁有的多寡，錢多的，你就是老大，你走前面，錢少的惟你馬首是瞻，只要有錢，可以讓你轉危為安，就是到了十八層地獄，也能用它疏通閻王，給你在生死簿上添二十年陽壽。但要是沒了錢，貴賤生死就是另一碼事了。想要打官司勝訟，想要拯貧濟弱，沒有錢是不行的，想要化干戈為玉帛，首先也得有「玉帛」才行。俗話說：有錢能使鬼推磨，有了錢，鬼神都可以使喚，更何況是人？是以有此一說「國王沒有財，就沒有賞賜，有本事的人是不會去的。」民諺說：「朝中有人好做官。朝中沒人說好話，不如回家種紅薯。」財大氣粗關係硬，但是朝中有人，只是你關係夠，當真要做官還得你財大氣粗要有錢啊！

航海家哥倫布也曾經說過：「黃金是一種可驚歎的東西，誰有了它就能為所欲為。有了黃金，就算要把靈魂送到天堂，也是可以做到的。」

既然錢是這樣的好東西，作為士農工商這四個階層，哪個更容易致富？「力桑不如見公卿」，當然農民肯定不如讀書人。但如果拿農民和經商階層比又會如何？**古代有一句諺語說得好：「以貧求富，農不如工，工不如商，刺繡文不如倚市門。」**也就是說，窮人想要致富，有三條路：種田、做工和經商，這三者中，要說富得快，富得輕鬆，就是種田不如做工，做工不如經商了。這個「倚市門」也就是當街做買賣，士農工商，隔行如隔山，士這個階層是不好進的，它需要相當的自我修養和個人素質，相比之下，做買賣這個行業就容易得多了。

求「利」乃企業根本

一個企業要立足要發展，就必須有充足的資金，要持續發展壯大，就要依靠長期的生產獲利，獲利是所有經營活動的目的，也是企業經營效果的檢驗標準，任何戰略或經營思路的最終落腳點都是創造企業賴以生存的利潤，如果企業不在戰略和具體執行中關注獲利並把獲利變成經營的戰略實踐，再宏偉再美麗的戰略最終都可能成為企業巨大的成本，最後的結果證明，很多企業大廈就是被這種成本壓塌的。

【網際網路浪潮】

在網際網路浪潮剛進入亞洲一些國家時，只是引入「網際網路」的這個概念，透過建成一些基礎設施，推出一些基本業務，讓人們開始形成一個初步的認識。後來在風險投資的推動下，形成了所謂的「網路產業」，以崇尚內容、網路流量數為目的，不求獲利，所有的入口網站根本不談收入，一心只想吸引大眾的眼球，以為單純靠人們的高關注就能維持網站生存，各網站不惜花費巨大代價大做宣傳，但現實粉碎了美麗的夢想，那斯達克股價指數大跌，網路泡沫宣告破滅，這些企業終於認識到獲利才是真理，光「炒概念」是行不通的。

在經歷了慘痛的重生後，主流經濟的網路化速度加快，無線寬頻和電子商務迅速發展，生產力要素重新組合，各大產業結構升級，生產關係圍繞著市場、資金、技術大幅調整，在網路泡沫破滅後存活下來的網站都認識到，必須遵循經濟活動的基本規律，下決心務實經營，它們一方面減少開支降低成本，一方面推出多種多樣的網路產品和服務，探索有效的獲利模式。終於，幾大網站相繼實現獲利。在當前的網際網路產業中，除開即時通信、搜索引擎、網路遊戲等這些已經有了較為成熟的獲利模式以外，網路電話、網路影像直播等應用服務也掀起了新一輪投資熱潮，商業景氣大好。

獲利是企業生存發展的根本依託，是企業創新前進的動力，正因為人的本性是趨利享樂的，才有了社會生產力的勃勃生機。企業也要以利為本經營，才會有國家經濟的欣欣向榮。

重賞之下，才有勇夫

古有諺曰：君無財則士不來，君無賞則士不往。也就是說：「國王沒有錢財或不給臣子賞賜，有本事的人是不會去投靠的。」

西楚霸王項羽表面上很愛惜他的士兵，連士兵生病他都要落淚，但當要獎賞他的將士時卻特別吝嗇，給下屬的任命書，頁角都被他捏沒了，也遲遲不肯發下去。下屬得不到應該有的賞賜，就漸漸覺得他不是真的愛惜下屬，連因為士兵生病而流淚的事也顯得虛偽了。時間一長，士兵們也就不感動於他的作為了。

同樣的，沒有雄厚的資產、待遇不好的公司，是很難得到人才的，也很難讓公司裡的人才盡心盡力地為自己的公司服務。同樣的工作性質，如果是你，某天另一家公司打電話給你：「我們準備以你現在兩倍的薪水，請你來我們公司。」你還坐得住嗎？

【豐田的激勵】

日本豐田汽車的銷量在全球一直名列前茅，效益穩定，它很重視對員工們的實際獎勵，鼓勵工人們在生產中不斷提出建設性的意見，對於切實可行並已批准使用的新技術、新方法，對發明人都慷慨地給予不同層次的物質獎勵，是以工人們熱情很高。在豐田每個生產工廠裡都有一個專門的區域，用黑板或繩子掛起一些紙張，上面有工作流程中的每一步品質管制環節，但更多的是一張張來自工人的建議圖，記載著能保質增效又降低成本的建議。比如有張圖紙上，清晰地畫著一個零件，下面附帶文字說明該零件易損部位只是頂端，可以單獨更換零件頂部，而不用更換整個零件，這樣的建議無疑就降低了成本而實現了效益的最大化。

重賞之下才有勇夫。要經營好自己的企業，一定不要虧待自己的下屬。重獎一方面表現了對人才的重視，另一方面，也是對人才心血的尊重，更重要的是，讓為自己服務的人才為了企業效益做出竭力的貢獻。

為政之道，善者因之——經濟政策控制原則

【原文】

雖戶說以眇論，終不能化。故善者因之，其次利道之，其次教誨之，其次整齊之，最下者與之爭。

【語譯】

即使用老子那一套妙論挨門逐戶地去勸說開導，最終也不可能真正感化誰。是以最好的辦法是聽其自然，其次是因勢利導，再其次是對百姓加以教誨，又其次是透過制定規章制度加以約束，最差的做法是與民爭利。

【原文釋評】

司馬遷把經濟和政治相連結起來，認為經濟發展和政治上的治亂興衰是息息相關的。經濟是基礎，由於人們對物質生活的要求是客觀的，他主張當政者順民欲，順應人們滿足耳、目、口、心的欲望而求

富，政府不要強行干預工商業的自由發展，引導它們積極的進行生產和交換，政府頒布政令只是手段，而不是目的。如果要反其道而行之，一味的教化或遏制，是不會有好結果的。事實證明，從春秋戰國到西漢前期，工商經濟的發展就得益於允許民間自由經營，富商也由此出現，對工商經濟進一步發展的作用顯而易見，活躍了市場，提高了社會經濟的商品化程度。市場的成熟與商品經濟的繁榮，既為富商提供了經營活動的場所，也發揮了他們應有的作用。當然，自由放任也存在弊端，比如商人操縱市場，哄抬物價，官商勾結等問題，這些就是需要政府發揮作用進行必要干預的地方，但是，這與政府的壟斷經營是絕對不同的。

善者因俗

在商品經濟的世界中，人不僅要重視貨品本身的價值，還要注意人們所居住、生活、生產地方的氣候、地理、自然、文化、風俗等社會環境因素。當它們都達到一個平衡和諧狀態的時候，社會才會健康的發展。要因地制宜，各自按照當地的特點，有所側重地發展經濟。讓人們根據自身的特點，發揮各自能力從事各種行業，使物產充分流通。自由發展經濟，使百姓安居樂業。比如《貨殖列傳》裡提到的齊國，其地理位置靠海，田地多為鹽鹼地，人口也不多。於是姜太公鼓勵婦女努力從事紡織，不斷提高紡織技術和品質，同時鼓勵人們發展漁鹽業，鼓勵商人販賣衣冠等紡織品和漁鹽貨物，進而人民富裕，也讓大量的人才湧了過來。

【韓國遊戲產業】

曾經為亞洲四小龍之一的韓國，在一九九七年的亞洲金融風暴中突然變成了接受國際貨幣基金組織接濟的準破產國，而今它卻是全球第四大外匯儲備國，短短十年時間就改頭換面，成了世界經濟史上的一個奇蹟。這都要歸功於它的產業結構調整，其中以遊戲業為主的文化產業的發展更是功不可沒。前總統金大中上任之後開始改革韓國遊戲產業，為了鼓勵優秀的人才投身遊戲業，韓國政府推出了一系列鼓勵政策：到遊戲公司任職或在遊戲比賽中得獎的人，都可以免服兵役、成立專門的遊戲學校培養遊戲人才、每年還撥出專款幫助遊戲廠商進行研發等。之後，韓國還打造出了一個龐大的網遊虛擬世界，實現了稱霸全球網際網路線上遊戲市場的藍圖。此外，在政府的大力支持之下，卡通和影視也成了韓國文化輸出的成功典範，如今「哈韓」的風暴不停地襲捲而來，也擁有不小的市場佔有率。

由此可見，只要將遵循市場規律和做好國家整體經濟結合起來，做到適應時代潮流，順應自然，政府再在一些基礎上加以引導和支持，市場就可以更有計劃有秩序地發展。集團或大公司的決策層，對於下屬公司、部門，也和國家對市場這兩者的關係一樣，一定要善加調控、引導。

教誨之道

中國，自古就是一個宗教的發源地，雖然信仰可以給人教誨，但是在中國的「教誨治國」之道中，其實產生很多負面的影響。宗教大多都是在壓制人的天性和欲望，但是「人欲不存天理焉附」？基督教主導的中世紀西歐社會和以儒治國的中國社會都日益衰落，生產發展緩慢，科學文化舉步不前，文明長期停滯不前。

教誨之道，壓抑得大多的是行為，而欲望與天性，是難以制止的。追逐利益，是人的天性，是人的基本欲望，僅僅依靠壓制，當然是很難辦到的。與其完全控制大眾的行為，壓制他們的欲望與天性，還不如在一定的制約之下好好引導。

整齊之道

所謂整齊之道，就是違背人道和天道，違背人自身的發展和自然社會發展的規律，人為地去干預個人和社會的自然發展，一般都表現為保護主義。

古代中國長期實施的重農抑商政策，造成經濟活動中的生產、流通、消費、分配四個環節不能互相配合、互相融通、互相促進，農業生產沒有工商業提供的必要的技術、資金、資訊等支持。表面上看，重農抑商似乎是為了重農，其實從抑商的實際效果看，它不但沒有促進農業生產的發展，反而使農業變得死板和僵化。

就如一個正值天真爛漫時期的小孩，本來應該活潑的和小朋友們捉迷藏、玩遊戲度過美好的童年，卻整天被家長逼著學英文、學樂器這些超過年齡喜好的東西，長此以往，他可能比同齡人多才多知，但他成長發育的過程是有缺陷的，這種人長大以後往往形成孤僻、少年老成等個性，成為一個高智商低情商的人。

不符合自然規律，好心干預卻辦了壞事，豈不是跟揠苗助長的那個人一樣愚蠢？

與民相爭

所謂「與之爭」其實就是與「民」爭，與「人」爭，而爭的就是利。這比「教誨之」、「整齊之」的負面影響還要大得多。

古語說：「楚王好細腰，宮中多餓死。上有所好，下必甚焉。」在特殊的年代，以國力來打擊民眾，這雖有較大而迅速的效果，但是殊不知為了圖一時之快而造成的弊端卻是無法估量的，長久施行，無疑只有一條自我毀滅的死路。

【不售綠茶】

綠茶是普遍受大眾歡迎的一種茶，但有一段時間，這種茶在一個小城中突然消失無蹤了，原來是當地政府下令從今以後不准任何商家銷售綠茶了，只准買本地生產的一種名叫「涼茶」的花茶。起因就是涼茶的銷售不及綠茶，特別是當綠茶推出了更新的品種以後，涼茶的在當地的銷路更不順了，為了保護涼茶公司，為了增加茶葉稅收，政府才做出了那樣的決定，於是相關商業部門的執法人員們也行動起來，每天不定時的到各家商鋪去搜查，不僅要搜櫃檯，還要連堆貨的地方也要檢查，搜到就無條件沒收。一時之間，各商鋪老闆抱怨四起，茶葉批發商也怨聲載道。政府的政策堵歸堵，可商家們為了營生，還是不得已要偷偷地販賣。因為要冒風險，綠茶的價格上漲了；因為難買，人們就更傾向於一次多買一些回家放著，是以綠茶銷量飆升；因為政府的地方保護，人們對本土涼茶的印象更為不好，銷量仍不見起色，政府增加稅收的算盤也白打了。

在經濟全球化的今天，再妄想以地方保護為金鐘罩來閉門造車的作法是萬萬行不通的。阻礙了大眾合法、合理自由競爭，積極進取的謀利道路，人們就沒有活力生氣；在計劃的經濟下，沒有自由競爭、自由貿易、自由流通，社會經濟發展就會變得遲緩，社會財富增長也會很緩慢，如此惡性循環下去毀滅是必然的。

衣食豐足，而知榮辱——富民則國治的思想

【原文】

「漢興，海內為一，開關梁，弛山澤之禁，是以富商大賈周流天下，交易之物莫不通，得其所欲，而徙豪傑諸侯彊族於京師。」

【語譯】

漢朝興起，天下統一，就開放關卡要道，解除開採山澤的禁令，是以富商大賈得以通行天下，交易的貨物無不暢通，想要的東西大都能夠在當地找得到。漢朝政府又集中遷徙了豪傑、諸侯和大戶人家到京城。

【原文釋評】

所謂經濟基礎決定了上層建築，先解決了物質生活，才能講求更高層次的精神生活。「倉廩實而知

禮節，衣食足而知榮辱」，司馬遷肯定了經濟活動對政治、倫理的影響，一個社會之中，人民素質的高低是受制於社會貧富的，只有讓人民富裕了，才能穩定社會的秩序，人只有在滿足了生活最基本的吃穿之後，才會知道禮節榮辱。只有君子富裕了，才有能力來行善積德，為窮人做好事；只有小人富裕了，才不會鋌而走險去幹壞事，這樣社會才安定，這就是所謂的「禮生於有而廢於無」。突出了物質財富的佔有量最終決定著人們的社會地位，而經濟的發展則關乎國家盛衰的經濟思想。

人民富裕，國家就會強大

一個國家的強盛與否，不是看其外表的轟轟烈烈，主要應該看其經濟實力是否雄厚，國家和人民是否真正富足，通常，國內生產總值（GDP）是評價一個國家或地區經濟實力水準最重要的衡量標準，只有廣大人民富裕了，每人平均國內生產總值上去了，整個國家才能強盛。

【美、日民富而強】

十九世紀中期的日本淪為了西方資本主義的銷售市場和原料產地，家庭手工業和工廠手工業遭到破壞，許多工人失業，再加上物價暴漲和金貨外流，下層人民生活狀況惡化。社會衝突激化，農民紛紛進行各種形式的反抗鬥爭。後來，日本實行了明治維新，這場自上而下的資產階級改革，在經濟上實行土地自由買賣，引進西方技術，鼓勵發展近代工業，積極促進資本主義經濟的發展，為建立獨立自主的近代化國家以及成為亞洲強國創造了有利條件。

再以美國為例，其實美國是一個年輕的國家，是一個以中產階層為主的國家，富人與窮人都不佔多數。從建國到現在也不過二百多年的歷史，在這麼短的時間內，他們已經逐步將一個落後的農業國建設成了世界上最大的工業化發達國家，農業也已經實現了現代化。過去美國的經濟發展已經證明，解決貧窮最好的途徑就是透過經濟發展和增加就業機會，給窮人開通致富的門路，這樣才有可能發展成在世界上數一數二的強國。

一句話，國家經濟發展了，人民生活水準提高了，國家也就強大於世界之林了。

人民富裕，就會樂善好施

「孟德斯鳩命題」認為：隨著貿易的發展，民眾逐漸擺脫了以往「野蠻」的風俗，而趨於溫厚，也就說是人們得到了自身想要的利益，就更注意追求精神的富足了。

水深了，自然有魚，山高了，自然野獸深居。一個人有錢有勢了，他的善舉也就彰顯，反之，一個人窮困潦倒自身難保，哪還談得上其他？相信沒有一個人會去問一個衣衫襤褸的竊賊這樣的問題：「你為什麼要去偷盜而不去捐款？」

香港著名實業家、慈善家田家炳先生是一個億萬富翁，熱心於慈善和社會福利事業，不僅成立「田家炳基金會」，專門從事捐辦教育、醫療、衛生、交通等公益事業，他還曾為捐助教育，將自己居住了數十年的住宅賣掉，這種精神深得海內外各界人士的讚許。他曾經說：「我在幾十年的人生經歷中經歷過許多困難，無論遭逢社會動亂或風潮，最後都安全度過了，這與我做人有很大關係。」無論是經商或處世，田家炳都能得到廣泛的尊重，並都能逢凶化吉，這完全是他一生恪守本分、薄己厚人的回報。

作為企業來講，一旦有錢了才能去做愛心慈善活動，絕對說來它是一種無償的付出，但其實是它是有回報的，它不是金錢的回報，而是比金錢更可貴的回報，自己的企業回報了社會，會讓人感到這個企業存在的意義，長此以往，慈善的心念會就融入企業文化的一部分，無形中也為打造企業品牌增添了資本，企業的持續發展也就更成為可能。

第二章

致富之道，在於因時——怎樣富

開源節流——資本原始累積

【原文】

是以無財作力，少有鬥智，既饒爭時，此其大經也。

【語譯】

一個人在沒有足夠的本錢做生意時，就要靠出賣勞力給人家工作，等有了經驗又稍稍存了點錢後就用自己的聰明智慧做個小本生意，已經富足時就與同行業的人競爭逐利，這是常理。

【原文釋評】

這段話是司馬遷總結出的平民白手起家創業的過程。

中國有一句古話叫「篳路藍縷，以啟山林」，意思是說駕著簡陋的車子，穿著破爛的衣服去開闢山林。它充分說明了創業階段——也就是資本原始累積階段的艱苦，這是一個重要的淘汰階段，勝者就青雲直上，大富大貴，敗者就要淘汰。一無所有的人要甘心幫別人工作從頭做起，做創業資本的原始累積。接下來的就是自主創業的階段，這個階段的主要任務是自身的發展壯大，勇於開疆闢土，使點小聰明和小花招在所難免，當然還有就是自我商業素質，包括商業頭腦、商業眼光等方面的提升。到擁有雄厚的資本時，就不在於小處的鬥智鬥勇了，而是掌握市場的規律，從市場的大原則上著手以謀求發展，這時是力爭強弱的競爭階段，是著眼市場，依據規律，全盤把握的時候。

小河聚大河，白手起家

許多成功的人士在創業之前，基本上都是透過幫別人工作來完成最初的資本累積，資本的累積不僅僅是資金的累積，他還包括更重要的經驗累積。在這個階段裡主要的還是累積經驗。工作的生涯是瞭解市場，打造商業頭腦，豐富商業知識，以及累積人脈的重要階段。等到這些都充分具備，而且也累積了一部分原始資金後，就可以考慮自己另立門戶了。

創業的初期是最難熬的時刻，就好比是鯉魚躍龍門的階段，翻過了這道坎，就可以騰雲駕霧，呼風喚雨化成為神龍，如果翻不過去，就只能與泥鰍、鱔魚一起在這小河溝裡覓食了。

司馬遷說過「富者必用奇勝」，累積財富還是有「奇招」的，這個「奇招」是什麼？太史公沒有明說，但是以商業上一些成功人士的經歷來看，「借雞生蛋」無疑是一條最便捷的道路。「借雞生蛋」就像是張無忌的乾坤大挪移，借力打力。自己本身並不需要很好的內功修為，只要學到這功夫，就可以立竿見影，用這個人的力量透過自身的挪移，打到另外一個人身上。當然，借雞生蛋也需要自己餵養雞，乾坤大挪移也需要自己有一定的內功修為，這都是在自己有一定能力的前提下才能借到的。

【顧愷之還願】

顧愷之是東晉時候的一位畫家，著名的《洛神賦圖》就出自於他的手筆。相傳他有一次去寺裡許願得成，爾後去還願，但他卻是空著手去到寺廟，主持和尚問道：「施主你當初是許的多少錢的願啊？」顧愷之說：「一萬錢」，主持說：「那施主為何空手而來？」顧愷之說：「這一萬錢就藏在廟裡。」主持不明白。顧愷之笑道：「你把這廟城左邊的牆刷白吧，錢就能從裡面出來了。」主持叫小和尚們刷白了牆，顧愷之就開始在上面畫畫，待畫完最後點睛的一筆時，他對主持如此這般的說了一番話，主持聽得連連點頭。不久，顧愷之在寺廟畫有一幅佳作的話就傳開來了，人們絡繹不絕的趕來爭睹畫家的真跡，鄉紳、富豪，甚至王侯都來了，幾乎把寺廟的門檻都要踏平了，寺廟就對每個來的人募捐善款，第一天捐五錢，第二天捐十錢，第三天以後就隨便捐，很快就湊到一萬錢了。

顧愷之這樣獨特還願方式的成功之處，就在於他明白各方的需求，自己需要還願，寺院需要一萬錢，遊客需要有東西觀賞，於是借寺院之牆，用自己之筆，收遊客之錢，藉此就將各方的需求串連成鏈，讓各鏈條得到自己所需。經營企業也是如此，打理好各方人脈、資源，為他人所需的同時也為自己所用，這樣才能被接受，才能成功創立門戶。

【小商人空手套白狼】

有一個小商販非常聰明，天生具有商業頭腦。有一天，他走在大街上撿到了一隻死老鼠，就把它拿去送給藥鋪老闆，老闆給了他一枚銅幣。然後他用這枚銅幣買了一點蜂蜜，製成蜂蜜水，送給栽花匠們，栽花匠每人給了他一束花，他把這束花賣了，得到八個銅幣。回去的路上他向花園裡的園丁要了堆在地上的枯枝敗葉，並把它們收攏燒成材賣得了二十個銅幣，這時他一共有了二十八個銅幣，拿去買了一個大水缸，送給一隊五百人的開荒團隊，他從每個開荒割草的工人那裡要了一捆草，一共得到五百捆草，他又把這些草賣給了一個馬販子，得到了一千個銅幣。

幾天後，他聽說有條貨船要進港，他就批發買斷了全船的貨，然後他又把貨物分成了一百個等份，每份定價一百個銅幣發給中間商們。這船貨賣完後他已經獲得了一萬個銅幣……日積月累，最終這個小商販成為了遠近聞名的富商，有了自己的店鋪。

當然，這只是一個故事，其實小河聚大河是一個堅苦漫長的過程，哪怕是借雞生蛋也要花費很大的心力，只要很好地堅持過去，有了資本，就可以白手起家了。

開源節流，積少成多

開源節流不只是創業階段的事情，它是一個企業在任何時候都應該注意到的，創業容易守業難，一個企業創立起來後，如果只是滿足於目前的狀況，那是很危險的。現在的市場競爭越來越激烈，在自己談妥了一筆業務而沾沾自喜時，有沒有注意到身後那覬覦著你市場的無數雙眼睛，一個企業一定要有危機意識和創新意識，以積極的態度思考，廣開致富源頭，探索獲利的新方法、新途徑以提高績效，這樣才能不斷發展壯大。

【洗衣店的創新】

約翰是一個普通洗衣店的店主，他的店和其他很多洗衣店一樣，都會在燙好的衣服裡夾上一張硬紙板以防止變形。有一天在店裡沒事無聊時，他隨手拿了張硬紙板信手塗鴉，突然他腦袋裡靈光一閃，是不是可以在硬紙板上加點什麼東西？如果在硬紙板上加印廣告，是不是可以賺取廣告費？於是，他就去聯絡廣告商，拉到了廣告贊助。

不過後來約翰發現，客戶在取回乾淨的衣服後，衣服裡的硬紙板沒有引起他們多大的注意，很快就丟棄了。「如何才能讓客戶保留紙板？」他又想，很快他想到了一條妙計：在硬紙卡的正面印廣告，背面印上一幅兒童上色的圖畫和一份家常食譜。自此，主婦們就加勤了把衣服送來洗衣店的頻率，有的是為了給孩子搜集填圖畫，有的是為了搜集食譜，是以她們甚至會把可以再穿一天的衣服提前送來洗。如今，約翰已經是幾家連鎖店的老闆了，他還在進行著下一步的策劃。

商業上開源就是要增加新的方法，找到新的途徑，拓寬管道，增加收入；節流就是注意節約減少支出，這是創業發展中累積資金的不二法門。

「長江不擇細流，故能浩蕩萬里」，一條河能浩蕩萬里，關鍵就在於「開源節流」——有很多支流的水注入，同時在流淌的過程中沒有多大的蒸發和流失。開源不容易做到，但節儉卻是每個人能辦到的。不管是推新產品也好，降價促銷也罷，市場上的商品最終要落實到「利潤」這個冷冰冰的詞上，節約資源、降低成本跟最終的利潤是直接掛鉤的。

有一個笑話是這樣的，歐文太太問格林太太：「你的丈夫馬上就過生日了，你想好送什麼禮物了嗎？」格林太太笑道：「我已經想好了，我要送他一百支雪茄。」歐文太太說：「這麼多要花多少錢啊？」格林太太又笑道：「我一毛錢都不用花，我每天從他的煙盒裡取出兩支保存起來就是了。」這是一個笑話，但也說明了如果能長期節儉，積攢起來的留存也是很可觀的。

在《貨殖列傳》中司馬遷記載的那些當時的富者，大部分都非常地節儉，「魯人俗儉嗇，而曹邴氏尤甚，以鐵冶起，富至巨萬。」這說的是當時的一個鋼鐵大王曹邴氏的故事，曹邴氏生活在民俗節儉的魯（今山東）這個地方，曹邴氏受這種風俗的影響，甚至比大多數人更節儉。因為他把節儉省下來的錢又投入到他的煉鐵鋪裡，就這樣，他後來成為了財富多達幾萬錢的大亨。「儉嗇」是什麼意思？它不是現代意義上吝嗇，在這裡的意義是節儉——不奢華不浪費，把錢用到更需要它的地方，一代富豪就是由此成就的。除了曹邴氏的傳記，太史公還記載了一個也是以節儉起家的富翁：「周人既纖，而師史尤甚」，師史也很節儉，結果他也像曹邴氏那樣，成了擁有七千萬家產的大富翁；宣曲任氏，在家財萬貫之後，也還保持曾經的節儉習慣。

【節儉的富翁】

ＩＫＥＡ的創始人坎普拉是世界上最富有的人之一，但他生活地卻很節儉，乘飛機的時候從不坐商務艙，只坐經濟艙；上班的時候不開私家車而是搭地鐵；他的私家車是一輛ＶＯＬＶＯ，一開就開了十年，沒有換過；平時著裝盡量不穿西裝。在瑞士還流傳有這樣一個關於他的笑話：如果坎普拉德在飯店裡喝了一瓶高價可樂，他會到旁邊的小雜貨鋪再買一瓶同樣但低價的可樂，以彌補在前一瓶可樂上受到的損失。

富蘭克林曾經說過：「注意小筆開資，小漏洞也能使大船沉沒。」富翁能夠成為富翁的原因，就是因為他處處節儉，有預算，控制支出，維持他們簡單的生活方式。

為公司節約每一分錢，節儉實際上也是在為公司賺錢。對於企業來說，關鍵性的兩個變數就是銷售額和成本。銷售額是銷售規模與價格之間的平衡，而要在銷售規模和價格上獲取競爭力，同樣也離不開有競爭力的成本。成本不僅直接影響著利潤，也影響著規模，在同等的品質上，誰價格低誰就能在市場上擁有佔有率，沒有市場，就算生產規模再大，利潤也上不去；而低價的前提就是低成本，否則只能是賠本賺吆喝——商品賣出了不少，但實際上卻沒有賺錢，甚至是在虧錢。

大魚吃小魚，快魚吃慢魚

企業在發展過程中會出現小企業被大企業收購、弱企業被強企業收購、虧損的企業被有盈利的企業收購等現象，這些收購基本上都遵循著「大魚吃小魚」的原則，使得商業競爭更加的激烈殘酷。「大魚吃小魚」就像是武俠小說中逍遙派的北冥神功，吸收別人的內功，在自身儲存起來，慢慢轉化為自己的內功。「大魚」吃了「小魚」之後有許多好處，一方面消滅了自己捕食直接的競爭對手，還有就是這些「小魚」「富含營養」，能給你很多營養補充，無論是人才上的、還是技術上的，有了這些營養會使「大魚」變得更強大。

【花旗集團的誕生】

桑迪・威爾最開始只是華爾街一家證券公司的送信員，他和朋友湊資設立了一家公司，然後不斷購買那些曾經績效顯赫，現在卻經營不善、瀕臨倒閉的公司。等到這家公司不斷累積強大後，再把它賣給美國運通公司。接著他用自己得到的錢投資買下了一家個人貸款公司，並故技重演，到處去收購那些經營艱難的企業，就這樣，他透過「滾雪球」的方式將自己的貸款公司越做越大，擁有了大型公司才有的零售證券部分，在一九九八年，他把所擁有的集團公司和花旗銀行合併，組成了一個超級金融帝國——花旗集團。

「大魚吃小魚」的戰略對一個企業的發展壯大來說是條中正之路，但它是一個相當漫長的過程。不知道從什麼時候開始，商戰中又出現了「快魚吃慢魚」的經營法則，自己做的一定要比別人快一步，否則就搶佔不了先機，進而限制了自己的後繼發展。誰慢誰就會被吃掉，先下手為強是制勝法則。蓋茲說，快速、加速、變速就是這個資訊時代的顯著特徵。他認為，競爭的實質，就是在最快的時間內做最好的東西，能力決定速度。

如果仔細研究一下高新技術產業的發展過程，我們會發現：激烈競爭的最終勝出者往往是那些善於把握節奏，快慢得法的公司，微軟就是一個典型的例子。縱觀微軟，它的起家並不早，但它始終在技術上領先，是以能很快地超越一些老牌電腦公司，使得戰績驕人，但微軟在商場上用來攻城掠地的所有產品技術或服務中，沒有一項是屬於微軟的獨創，也就是說，在創新方面，微軟不一定比其他公司更快。然而，微軟的過人之處在於，一旦它看準了某一方面，總是能蓄勢而進，以很快的速度實現趕超，後發制人。

【日商搶佔商機】

一九六五年的一天，加拿大議會通過決議，決定將楓葉旗定為他們國家的國旗，到了第三天，日本廠商趕製出來的楓葉小國旗和帶有楓葉標誌的玩具，就已橫渡大洋，出現在了加拿人的市場上，銷售非常良好，而本土的加拿大廠商「近水樓臺」卻未「先得月」，錯失了良機。顯然，這些日本廠商早就在決議通過之前就摸準了內情，搶先生產了。

參與市場的競爭角逐是殘酷的，企業不僅要積極吸取營養，努力發展壯大，還要爭搶稍縱即逝的發展先機，提高自身競爭能力，這樣才可能節節勝利。

一才難求——經濟人才思想

【原文】

故善治生者，能擇人而任時。

【語譯】

善於經營致富的人，要能選擇使用賢能人才，並且把握時機。

【原文釋評】

這是司馬遷提出的擇人任時說，在除了要注意天時地利之外，他提出了要重視「人和」的重要性。司馬遷人才思想的核心內容是「得賢才者得天下」，不論是雄才大略的君主、帝王，還是功勳卓越的功臣、名將，他們的興衰都與人才的得失息息相關。是以他主張用賢相良將去爭奪、管理天下。什麼是人才？司馬遷在《太史公自序》一文中做了簡要回答，並且亮明了標準：「扶義俶儻，不令己失時，立功名於天下，作七十列傳。」那些為民眾樹立了良好道德典範，為社會建立了經典學說、在事業上獲得巨大成功的人，是對社會最有貢獻的人，可以垂名後世。他曾揮筆為起義農民領袖、醫士、占卜者、遊俠、刺客等各方面人士立傳，熱情歌頌他們的才能與品德，使他們名垂青史。

當他在提到經濟人才時，他認為人才處處可見，不分階層、不分尊卑，不同的行業都有各自不同的人才，一定要善於發現人才，積極照顧人才，好好使用人才。是以他專門寫下了《貨殖列傳》，為范蠡、子貢、猗頓、程鄭、師史、任氏等十幾位歷史上的致富名人立傳，為他們深諳致富之道的才能和謀財有道的品德，寫下了濃墨重彩的一筆。這些人的發家致富都不是靠繼承祖業或世襲俸祿而來，而是靠自己的努力去把握時機，用心經營，規規矩矩發展起來的。其中典型的，大有越王勾踐使用計然的富國「五計」、小有范蠡治理產業「而不責求於人」的富家之策，二者都是懂得擇用賢能，並能把握時機取得成功的經濟人才。

由此，司馬遷總結出想要經營致富的關鍵在於「擇人任時」，「擇人任時」這個詞語要怎樣理解？語法上來講它屬於互文，意思是擇人認人，擇時任時。在挑選人才之前必須先瞭解人才，挑選了人才之後必須要重用人才，重用人才一定要在正確的時間用。

商業世界：在競爭日益激烈的今天，企業最重要的資源是人。有一種說法，「企」字是由「人」和「止」構成。一是指，企業是「到人為止」，治企最終是治人；二是指，如果丟掉了「人」，「企業」就變成了「止業」，企業就將停止不前。也許有的人會反對說，企業最重要的是客戶，但是客戶是不會自動上門的，是要靠企業的「人」去發掘、服務、維護的。

「如果把我們頂尖的人才挖走，微軟就會變成一家無足輕重的公司。」比爾‧蓋茲這樣感慨。微軟身為世界頂級的大公司，每年不乏眾多的求職者，但比爾‧蓋茲卻並不滿足於此，他總是隨時隨地想盡方法地在全世界搜羅人才，他深信一定還有優秀的人才正在世界的某個角落等待著，這樣求賢若渴的心態不像是在尋找人才，倒像是在祈求人才。他曾下了很大的功夫去網羅加州矽谷的兩個電腦奇才——格雷和貝爾，對他們進行反覆勸說，甚至因為他們不喜歡微軟總部地區冬季的陰雨天氣，不惜代價專門在矽谷為他們建了新的研究院。不難看出，微軟一直屹立在世界巔峰的原因，正是由於它的愛才惜才、知人善用。

不拘一格降人才

選擇人才之前必須先瞭解人才，瞭解人才是重用人才的前提，「世有伯樂，然後有千里馬，千里馬常有，而伯樂不常有」，任何時代都不乏人才，英明的管理者，要有慧眼識才的本領，要有打破常規、不注重表面現象的心智，不拘一格地使用人才。

【面試在別處】

某公司業務部應徵新員工，有三人進入了最後的面試，考官讓他們每人進去面談半個小時，其餘的兩個等在門口。三個人面對考官時都表現得十分機靈、口若懸河。考官與三個人面談完後，指著第三個人微笑道：「你被錄用了，恭喜！」其餘兩個人不服氣，問理由，考官指著他面前放著的電腦說：「門口有攝影機，我從這裡面一直觀察著你們在等待面談的過程中的表現，第一個人時時低頭沉思，面有憂色，可見他心理承受能力很弱，適合從事性質比較輕鬆的工作，不適合待在市場部；第二個人在走廊來回踱著步伐，面露焦色，可見他缺乏耐心，沒有定力，容易半途而廢；第三個人一直輕鬆挺拔的站立著，鎮定自若的翻看手裡的資料，可見他有較好的心理素質，自信、冷靜、不易被環境左右心念。」

管理者識才，要善於從個人言行等細微方面入手，在《人物志》這本識鑑人物的原理和方法的古籍中有一句話：「品人物由形所顯觀心所蘊」，這是說，透過觀察一個人的體態、相貌等外在方面，就可大致推斷出這個人的性格等情況。在企業的應徵過程中，面對成百上千的陌生求職者，不可能在很短的交流時間裡就全面瞭解一個人的品德和心性，通常都要採用一些特別的面試設計，從應聘者有意無意表現出來的行為中觀察判定，以達到識鑑人才的目的。

【本田的偏愛】

本田公司的創始人本田宗一郎在錄用人才時，偏愛「不正常」的人。有一次，公司在應徵人才時，經過一層層的篩選，在最後只留下了兩個人。這兩人各有千秋，都很優秀，這讓應徵者為難了，究竟要選誰？他們不好做決定，只好請示本田宗一郎，本田宗一郎說錄用那個言語較不正常的人，因為他認為正常的人發展有限，「不正常」的人反而發展前途不可限量，往往有驚人之舉。

識才者要有獨特的眼光和心智，不僅要看人才現時的能力，也要看到其將來的潛力，這樣才能很好的將人才據為己有。

此外，管理者在識才時不僅要有慧眼，還要有不拘泥於傳統習俗的觀念，比如要重能力不重學歷，不要只看到對方的低文憑就二話不說把人家拒於門外；要重才幹不重資格，摒棄傳統的論資排輩思想，推行能者居上的制度。

好鋼用在刀刃上

俗話說「一個最好的CEO可能是一個差勁的推銷員」，這說明了職位不同，人才的發揮效果就不同。擇人之後是用人，且要「善用」，而不是「亂用」，這關係到能否使人才的才能發揮到極至。管理者要適才而用，發揮屬下的長處。清代詩人顧嗣曾經寫過這樣一首詩：「駿馬能歷險，犁田不如牛；堅車能載重，渡河不如舟。捨長以就短，智者難為謀；生材貴適用，慎勿多苛求。」詩人用了馬、牛、車、舟四種事物的不同功能來做比喻，說明了量才使用的重要性，只有人事相宜，才能人盡其用。

【豹逮耗子不管事】

有這樣一個寓言：某人家裡常鬧鼠患，就買了一頭豹子回來，他認為豹子天生凶猛，對付小小的老鼠應該不在話下，於是就安心睡覺去了。第二天早上起來一看，廚房裡的米又遭了老鼠的殃，那隻豹子卻還趴在院裡睡覺，他想可能是豹子沒吃飽是以精力不好，於是當晚他把豹子餵得肚皮滾圓才安心地睡覺，半夜裡他隱約聽到廚房裡有撲騰的聲音，心想可能有不少老鼠已經命喪豹爪下了吧！第三天早上起來一看，老鼠屍體沒見著一個，豹子的頭上卻道道血痕，他大罵豹子沒用，鄰居得知此事後，建議他買隻貓回來，果然，貓一來，老鼠漸漸地就不來他家囂張了，於是他感歎：「捕鼠還是要靠貓啊！」

寓言往往都是用故事中主角的「愚」來寓示某種深刻的道理，在以上的故事中，抓老鼠都需要用對能手，在生活中，經營管理就更要用對人才。就像那個很會解牛的庖丁，如果被放在了織布機上，估計永遠也織不出一匹布來。把合適的人放到正確的位置上吧！

【波特夫人的用人安排】

美國有一位波特夫人，她曾經請心理學、社會學的專家對她的屬下進行能力調查。社會學家把她的屬下按思維分成了兩種人：一種是線性思維的人，一種是系統思維的人，前者的特點是直來直去，後者能全面把握問題的關鍵。同時心理學家也把她的屬下分為了兩種人：熱情的人和吹毛求疵的人。於是波特夫人就做出安排，讓他們各展所長。她讓線性思維的有熱情的人去做培訓工作；讓線性思維又吹毛求疵的人去做巡查工作，因為他們一定樂於挑毛病、管閒事；讓系統思維而有熱情的人去當主管的顧問，因為他們一定能高瞻遠矚又肯埋頭苦幹；讓系統思維又愛挑毛病的人去當工頭，因為他們一定會對工作嚴加監督的。

人才要用在刀刃上，才能盡人所能。看得出這位夫人是很擅長用人之道的，懂得把手下的人才分成不同的類型，並且將他們安置在合適的位置上，沒有壓制他們的特性，讓他們去充分發揮自己的專長。

宰相肚裡能撐船

不管是求國家強盛還是公司發展，管理者在用人的過程中，容才的肚量是必不可少的，要容人之長，要容人之短，也要容人的個性，這往往決定了用人的方法、用人的效果。

容人之長，是指管理者要能容下比自己更年輕更有才幹的屬下，不僅不要有嫉妒之心，反而要適時的鼓勵他們、幫助他們，為他們提供更多的發揮才幹的機會，使其能施展所長。領導經營管理的過程也就是將各有所長的一群人組織在一起，共同為實現公司整體利益而努力的過程。

【卡內基的墓碑】

美國的鋼鐵之父卡內基就是這樣一位傑出的管理者，他視人才為自己生命的一部分，他曾經說寧願放棄掉手中所有的廠房、設備、市場、資金，也要留下他的組織人員，這樣哪怕是重新奮鬥幾年，他也還是會成為一個鋼鐵大王的。雖然已經去世很久了，但他墓碑上的碑文卻依然留給世人以永恆的回憶和思索，碑文是這樣寫的：「躺在這裡的人，懂得如何將比自己更優秀的人為他所用。」

用容才的胸懷來為自己立身後碑，足可見卡內基對容人之長的重視性。

金無足赤，人無完人，沒有缺點的人才是不存在的，管理者要能容人之短，只要這些短是不違反原則的。有時候甚至可以把他人的「短」神奇地變為「長」，還能產生意想不到的作用。

【聾人的優勢】

某生產加工工廠一直是讓員工們感到心情鬱悶的地方，因為每到上班時間，工廠裡就充斥著機器運轉的轟隆聲和刺耳的電焊聲，長此下來，員工們都出現了不同程度的失眠噁心、易疲勞等病症，嚴重影響了他們的工作狀態，導致工作效率低下。後來公司發現，聾人可以不受周圍聲音環境的影響而專心工作，而且他們聽不到煩人的噪音就不會產生不良的生理反應和心理情緒，於是公司就聘用聾人在這個工廠來工作，工廠的生產績效果然好轉了。可見「天生我才必有用」是極為有道理的，就算是有缺點的人才，只要放在屬於自己的位置上，也可以讓他們做出極大的成就。

人生百種，各不相同，管理者還要有容人的個性存在，不同的個性可以活躍出不同的思想，不同的思想撞擊在一起產生的火花，也許就是公司下一個創意的出現。

【個性歐萊雅】

著名的歐萊雅這個化妝品牌深受法國文化的影響，公司把職業與個性緊密結合在一起，從來不用

「企業文化」來給員工設框架，給員工很大的自由空間，讓他們充分發揮自己的才能，甚至犯點錯誤都沒有關係。高層管理人員更是鼓勵下屬勇於挑戰，為公司的發展提出意見和建議，凡是被採納的皆有獎勵。正是堅持這種用人制度的歐萊雅，相繼成功收購了「小護士」、「羽西」，直至今天，它仍然在以強大的活力發展壯大著自己的品牌。

在這裡提到的勵才，其實也是源於容才的，是從屬於容才的，有容者之心，才會有勵人之舉。員工在企業努力工作，都會渴望得到公司的肯定和上司的賞識，激勵就是褒獎、肯定人才的表現。不一定只有獎金等具體的實物才能作為激勵，老闆拍拍一個新員工的肩膀叫他再接再厲，這本身就是一種激勵。

【馬雲的激勵】

著名的電子商務網站——阿里巴巴的創始人馬雲對員工就很平易近人，把每個員工都當作自己的合作夥伴，懂得在細節上對他們進行激勵。有一次他與另一家公司的總經理走進電梯，電梯裡恰好有一個員工在，他立刻就向公司總經理介紹那個員工，說「這位是我的同事某某！」在他看來，這種介紹表現了對員工的尊重，也使得員工更覺得在公司有歸宿感。我想誰都不會否認，這個員工在後來的工作中肯定會更加盡心盡力，也許還在某個方案上還為公司贏取了很大的利益。

有了容人的度量，才能給人才發揮的空間，讓千里馬們盡展所長，必然能使企業越做越好，越做越大。這就是所謂的有容乃大。

花開堪折直須折

我們小時候可能都有過這樣的經歷，走過路邊的桔樹時，我們驚喜地發現上面居然結出了桔子，雖然是青青的顏色、小小的果實，卻還是讓人滿心歡喜，於是或爬樹，或仰頭伸手，都要弄一個下來嚐嚐，到口後那酸澀的滋味自是不必說了，開始的歡喜早已一掃而光，只能邊擦嘴邊懊悔：「還是生的！」

大自然中，任何果實都有生澀→成熟→熟透→腐壞的生長過程的，人也有成長→成才→成熟→衰老的過程，摘取果實要把握好時令季節，起用人才好要把握好時機，果子落了來年還可以再結，但一個人的一生中，最好的時光只有一次。

【武帝遲來，顏駟老矣】

漢武帝時，有一次他在郎署視察工作，碰到一位衣衫襤褸的白髮老人，漢武帝問他叫什麼名字，什麼時候到郎署來的，老人說他叫顏駟，在漢文帝時做過郎官，漢武帝奇怪：「為什麼你那麼大年紀了，卻還是只做到郎官？」老人說：「漢文帝在位時喜歡文人，而我擅武，後來漢景帝在位時信任年長的人，而我當時很年輕，現在漢武帝你青睞年輕有為的人，而我卻已經如此老了。所以，我三朝為官卻官位低下。」漢武帝聽後很是感慨，當即封他為稽都尉，以謝他直言相告。是的，老人最終得到了提拔，可這是因為漢武帝感慨而賜於他的彌補，未必是老人心裡最想要的，未必能彌補老人一生的遺憾。

人力資源研究界認為，每個人才在成長過程中都有自己的最佳期，從人才的基本成熟期起，到他的最佳年齡期，這是他一生中的最佳期，但一般在他的最佳年齡期上有一個發展巔峰，如果是以他的顛峰年齡為限，實際上他的最佳期是短於最佳年齡期的，比如一個人的基本成熟期是從三十歲開始，他的最佳年齡期是三十五～五十五歲，如果四十五歲是他的巔峰時期，他的最佳期是三十～四十五歲之間。是以管理者要在恰當的時機起用人才，好好把握住每個用人機會，才能不浪費人才、貽誤人才，也能及時為自己的企業謀得有用人才。

一才難求，是以要抱著誠心去隨時隨地注意搜尋人才、挖掘人才；一才難求，是以在人才到手時要善用人才、善待人才；一才難求，是以要看準機會抓住時機起用人才，達到雙贏。一才難求，是以當一個管理者擇人任時的美名傳開，天下人才都會蜂擁而至時，公司離一才難求的尷尬才能更遠一些。

收放原則——經濟管理思想

【原文】

其後齊中衰，管子修之，設輕重九府，則桓公以霸，九合諸侯，一匡天下；而管氏亦有三歸，位在陪臣，富於列國之君。是以齊富彊至於威、宣也。

【語譯】

後來，齊國中途衰落，管仲重新修治姜太公的事業，設立了大府、玉府、內府、外府、泉府、天府、職內、職金、職幣等九個官府來管理財政，有了經濟上的支援，齊桓公才得以稱霸，多次以霸主身份會合諸侯，使天下政治得到匡正；而管仲本人也得到了好處，官位雖只是陪臣，但卻比各諸侯國的君主還要富有。從此，齊國富強，一直延續到齊威王、齊宣王的時候。

【原文釋評】

司馬遷用一個齊國的例子來說明了經濟管理的收放問題，在收上，齊桓公管著管仲，管仲又管著下面的大府、玉府等九個官府；在放上，齊桓公放權讓管仲實施治財的措施，而管仲又具體讓下面的九個官府分工實施管理。這樣，透過逐級向下分權，各司其職，反過來又逐級對上一層管理者負責，整體監控，達到分工合作、收放有序的效果，是以齊國強盛很久。作為一國君主的齊桓公以及隨後的齊威王、齊宣王坐安天下，中層管理者管仲也隨國富而富。齊國根據需要設立官職，分配職務；然後委派任命的官員，去監督和完成所分配的任務，這是最高統治者君王所要掌握的治國大道。同樣的，在企業的一個管理系統中也是這樣，要處理好權力收放之間的矛盾平衡，使管理效果朝正面的方向發展。

有的「放」矣

傅子曰：「士大夫分職而聽，諸侯之君分土而守，三公總方而議，則天子拱己而正矣。」何以明其然耶？當堯之時，舜為司徒，契為司馬，禹為司空，后稷為田官，夔為樂正，垂為工師，伯夷為秩宗，皋陶為理官，益掌驅禽。堯不能為一焉，奚以為君，而九子者為臣，其故何也？堯知九賦之事，使九子各授其事，皆勝其任以成九功。堯遂乘成功以王天下。

這段古文出自唐代趙蕤所著的《長短經》，在開篇第一章裡，他就提到適度的分權問題。趙蕤引用了西晉哲學家傅玄說的話：「要能夠讓士大夫們忠於職守，服從命令；要能夠把土地分給地方的諸侯們，並讓他們守住它；要能夠讓朝廷上的太尉，司徒、司空這三個最高官員總攬天下大事並參政議政，只要做到這幾點，皇帝就可以氣定神閒地統治天下了。」

憑什麼說這個方法管用？先來看看堯是怎樣治理天下的吧！在堯統治天下的時候，他任命舜當司徒，管理土地事務；契當司馬，管理軍事；禹當司空，監察百官后稷管農業；費管理禮樂文教，並負責開發生產技術；伯夷負責管理宗教祭祀；皋陶管理司法判案；益負責馴練作戰的野獸。事情分配下去之後，堯就沒事可做了，悠哉遊哉的當他的帝王，下面的九個人死心塌地地當他的臣子，這是為什麼？這就是帝王最終成為帝王的原因，臣子只能做臣子的關鍵所在。因為堯明白這九個人各自的才能，然後根據他們的才能把事情分配給他們做，他們每個人的成功，也就是堯的成功，這就是堯得以統治了天下的原因。

【小收和小放】

有兩個人，一個叫小收，一個叫小放，小放在一個叫巫縣的地方做官，他整天很是悠閒自得，彈琴作畫，吟詩喝茶，很少去辦公的地方，但是巫縣的各方面都被他治理得很好，百姓們的生活都很富足。

後來，小放被調走了，接替他來做官的是他的一個同學小收。新官上任三把火，小收非常勤政，每天起早貪黑的忙碌，每件事或每個小細節他都要親自把關。他也把巫縣治理得很好，但是卻勞累過度，很快就病倒了。

病好後他聽說他的同學小放當初輕輕鬆鬆地就把巫縣給管理得很好，於是就去找小放取經，小放說我根本沒有什麼訣竅，如果真的要說有訣竅，那就是我依靠了大家的力量來管治巫縣，而你只知道用自己的力量。

小放與小收同在一個地方做官，雖然都把本職工作做得很好，但是小放做得悠閒自得，胸有成竹，小收卻披星戴月，疲累不堪，為什麼？就是因為小放知道掌控人力資源的整體調度分配，而小收卻只知道事必躬親，有權不捨得放，下面的人當然也就沒權也沒心出力了。

一九八五年美國《幸福》雜誌刊登了一篇題為「建立分權單位，是企業成功的重要因素」的文章。文章指出，適當建立一些分權單位，是一個企業取得成功的重要因素之一。作為一個管理者，不可能事事都要親自去辦，不能光依靠自己一個人的力量，群眾的力量是巨大的，要動員大家的力量，適當的分權，充分發揮下級部門主管的作用，把所有員工當成是親密的合作夥伴。

【松下的柔性管理】

日本松下電器集團的社長松下幸之助就是採取的這種「柔性管理」方式，這種管理方式就是求助於屬下，利用屬下的智慧。他經常說：「我做不到，但是我相信你們做得到。」他說，當員工只有一百人時，領導者要站在員工的最前面，以命令的口氣指揮員工工作；當員工增加到一千人時，領導者要站在員工的中間，誠懇地請求員工鼎力相助；當員工達一萬人時，領導者只需要站在員工的後面，心存感激就可以了；當員工達五萬或十萬人時，領導者除了心存感激還不夠，還必須雙手合十，以拜佛的虔誠之心來領導他們。是以松下幸之助在管理企業時，都只是注意管理好幾個上層管理人就行，具體的事情再由這幾個負責人逐層下發管理任務，層層負責，也就是說幸之助在見到普通員工的時候只要點頭微笑著說一聲謝謝就行了，其餘的事都讓中間的各管理階層去完成。

至今仍然有許多企業領導人就是不願意放權讓下面的人辦事，要麼以為那樣就會削弱自己的領導權，減滅自己的威信，要麼覺得企業的制度體系還不完全，其實這些想法都是大可不必的，松下幸之助的柔性管理不僅沒有讓他失去領導地位，反而為他贏得了「經營之神」的稱號，何樂而不為？就像放風箏，想要把風箏放高放遠，飛向更廣闊的天空，一定要捨得鬆手，把線放長，藉助外力才能讓它在天空翱翔，如果是緊抓著線不放，風箏最終只有落地了。

見好就「收」

運用分權管理，可以在處理企業各類問題上及時、靈活、機動的處理問題。當下屬有一定權力時，就可以根據具體情況拿出具體的方法來處理問題，不必層層上報浪費寶貴的生財時間，但是也要把握住授權節奏，不能走極端，不能完全分權，否則局部利益思想容易膨脹，偏離企業整體目標，而當出現這個衝突時，上層權利失去威信，無法發揮作用，會極大阻礙企業的工作效率。

【枝多樹倒】

幾年前有一個大型的化工集團，旗下擁有三十多個子公司，出於各子公司靈活發展的獨立性考慮，總公司讓各子公司設立獨立的帳戶，擁有自己的財務部門，各管理部門的設置也自行決斷，只要求子公司們保證營業額。幾年下來，公司營業額的增減不明顯，但是公司整體的費用卻居高不下，利潤都被龐大的分支子公司稀釋了，當初提高效益的想法也泡湯了，極端的分權成了這個化工集團的重大障礙。

有專家指出，企業參與競爭，是整個產品鏈的競爭，而不是某個環節的競爭，需要產供銷、研發、技術、基地等，形成一個完整的合力去參與競爭，在相互配合中發揮自己的優勢。是以，企業在管理上應該放權的時候，就應該要適當放權，應該集中權利時，就要收權，加以監督。

【通用公司的收放】

通用公司就是這樣見好就「收」、收放結合的成功典範，它實行集權為主、分權為輔的方式。總公司設財務部，是全公司的中央財務機構，各子公司再根據各自不同的業務內容設立財務機構，只能在總公司制定的財務範圍內活動，而且要直接向總公司的中央財務機構負責。其次，總公司在行銷決策、勞動生產關係等方面給予各子公司較大的自主權，但總公司在人事、研發的關鍵部分對子公司進行嚴格的控制監督。這種管理展現了合理的分工合作，總公司既確保了節約資源、提高效率，又照顧了各子公司的工作積極性，增強了經營的靈活性，進而獲得了整體的良好經濟效益。目前集權與分權結合的管理模式已成了跨國公司最常用的管理方式，這也是通用公司成功的秘訣之一。

掌控公司就像放風箏，放得過高，風箏線的承受能力也就弱了，一不小心，線一斷，風箏就會掉下來，是以收放要恰到好處，風箏飛低了就鬆鬆手中的線，風箏飛太高了就緊緊手中的線，這樣才能很好的控制住風箏。

無為而無所不為

收放權力是管理企業的有效方法，但企業中的員工如果都能做到自律，老闆不就可以一勞永逸了？當然，這樣絕對的理想狀態是不可能存在的，但是可以盡量去接近這種理想狀態，這就要依靠企業文化。從一定的意義上來說，企業經營的就是文化，它是長期形成的，是貫穿在企業整個生產經營過程中的企業理念、價值觀、行為準則等，不僅表現在每個人的品行上，也滲透在企業的產品、服務和經營方式中。每個企業都需要依靠一定的運作思想來指導企業的發展，影響著企業的命運，這也是企業文化。

【果斷的麥克】

有一個叫麥克的冷氣銷售經理，長期在外地做行銷工作，工作一直非常出色。夏天是冷氣銷售的旺季，是各品牌的冷氣銷售競爭最激烈的時候。有一天，商場裡有一個大品牌的冷氣突然大幅降價，其他品牌的銷售人員措手不及，都紛紛打電話向總部請示，以做出相應的調整，麥克也不例外，也打電話給總部，但偏偏那天與總部的通訊線路出現了故障，能做主的高層都聯絡不上。此時，只有他公司的品牌面對市場的整體降價沒有採取任何應對。麥克眼看自己的商品受到了威脅，心急如焚，他思忖半晌以後就自作主張調整了商品的售價，先保住了市場。後來，麥克受到了公司的褒獎，老闆問他當時為何有那麼大的魄力擅自做出決定，麥克笑道：「因為我想起了公司的文化信條——信任、尊重、主動、一家人」。

有明確的團隊目標、強大的團隊精神，並且使其深入員工內心，就會潛移默化地形成一股強大的力量，讓員工們統一思想、達成共識，朝著共同的方向去努力，甚至在關鍵時刻成為指引員工工作行為的明燈。

企業文化是一個企業的靈魂，作為一種潛在的價值，在企業中有至關重要的作用，它就像大地一樣源源不斷地給企業這棵大樹輸送養料，使其成長茂盛。培養企業人員的向心力、凝聚力、創新思維，都是由企業文化來完成的。它對完善的動態系統管理機制，優秀管理經驗的發揚，以及人力資源管理、組織結構調整等工作都有相當大的影響。西蒙教授說：「優秀企業與平庸企業的最大差別，就是企業文化。」

怎樣來塑造企業文化？主要有以下途徑：在吸納員工和專家的合理化意見基礎上，選擇表現企業宗旨、管理戰略和發展方向的價值標準，透過宣傳手段強化員工的認同感，並在高層的領導示範下鞏固落實，在以後的執行中繼續發展豐富完善，其中最根本的是要培養員工對企業的歸屬感。

企業是一個有生命的機體，員工的歸屬感是靠培養出來的。

企業有時需要大方地採取報酬激勵機制，這可以加強員工的歸屬感，讓所有員工都覺得自己是公司的主人。在員工的意識裡，公司也有他們的一部分，相對的也就更加努力的為公司做事了，每個人奮勇當先，積極生產，產品品質和生產效益自然提高。實際上，員工也確實得到了利潤分享，公司賺得越多，員工也就分得越多，水漲船高，公司個人雙方共同得利，何樂而不為？

誠信仁德——正當求富思想

【原文】

是故本富為上，末富次之，奸富最下。

【語譯】

靠從事農業生產而致富為上，靠從事商工致富次之，靠玩弄智巧、甚至違法而致富是最低下的。

【原文釋評】

中國古代政府對經濟的管理，主要的還是在於對農業的重視和對商業的抑制上面。把農業作為本，而把商業作為末，認為農業才是國家穩固社會發展的根本所在，而商業是建立在農業的基礎上的。是以司馬遷在這裡把社會上的致富分為「本富」、「末富」、「奸富」，他宣揚正當求富的高尚行為，抵制「玩弄智巧、甚至違法而致富」的低下行徑，認為追求財富是人的本性，但一定要透過正當勞動、不損害別人的利益去追求，那些靠作奸犯科、傷天害理獲得財富的人，錢再多也是為社會所不齒的。

這種說法有非常大的局限性以及錯誤性，但值得肯定的是，商人對財富的取予要以社會法律、道德為準則，不可逾越，要誠信仁德的正當求富，才能有通順的財路。

【王永慶賣米】

王永慶在國小畢業後就到一家小米店做學徒，第二年，他借來二百元做本金自己開了一家小米店。當時，在他米店所在的那條小巷裡還有多家米店的競爭，而他的米店在其中是開業最晚、規模最小的，沒有任何優勢。米店剛開張的時候生意非常冷清。為了擴大業績，王永慶開始背著米挨家挨戶去推銷。在各米店坐店經營的時候，王永慶主動送米上門的舉動，對於習慣了自己扛米回家的顧客來說，他的這個舉動提供了一個很好的便民服務，業務量當然就增加了上去。不久其他米店也開始效仿，王永慶覺得想要在市場上長期立足，必須還要找到自己經營的不同之處，他決定從米質上來下功夫。

那時大米加工技術比較落後，出售的大米裡面混雜著不少米糠、沙粒、小石頭等，人們在做飯之前，都要淘好幾次米，王永慶留心到了這點，就在每次賣米前都把米中的雜物揀乾淨，然後再賣給顧客，這個額外的服務深受顧客歡迎，人們都說王永慶米店的米品質好，省去了淘米的麻煩，都認定要買他店裡的米。

接下來王永慶又出新招，他上門送米的時候都隨身準備著容器，在把新米倒進米缸前，將米缸內剩下的陳米先倒出來，把米缸擦乾淨，然後將陳米放回上層，這樣，米就不至於因陳放過久而變質。這樣的舉動更贏得了顧客的心，王永慶當初一天賣不到十二斗米，後來一天就能賣出一百多斗，甚至更多。而且，每次給新顧客送米時，王永慶都會仔細記下顧客家裡米缸的容量、家庭成員人數、一個月吃多少米、發薪時間、何時需要買米等情況，據此估計該戶人家下次買米的大概時間及數量。在顧客開口之前或上門之前，王永慶就會在恰當的時間主動將相應數量的米送到客戶家裡。皇天不負有心人，王永慶的生意就這樣一天天好起來了。

王永慶就是這樣靠精細、務實的精神累積起了自己的資金、顧客和聲望，後來更是辦起了碾米廠，把其他的米店遠遠甩在了後面。

只有誠信仁德，樂於把方便和利益給予他人，才能塑造出企業獨特的魅力，贏得顧客的心。像王永慶這樣，靠自己的勤奮努力把生意做好做大的商人就是值得稱讚和學習的，他誠信仁德，處處為顧客做周到的考慮，堅持提高產品品質和服務，是以才能步步為營，最後能成為臺灣的大企業家。

只要適度利潤

【原文】

夫糶，二十病農，九十病末。末病則財不出，農病則草不辟矣。上不過八十，下不減三十，則農末俱利，平糶齊物，關市不乏，治國之道也。

貪賈三之，廉賈五之，此亦比千乘之家，其大率也。佗雜業不中什二，則非吾財也。

【語譯】

出售糧食，如果每斗以二十錢的價格出售，就會糧賤虧農，農民會受損害；如果每斗以九十錢的價格出售，商人又要受損失。商人受損失，錢財就不能在社會上得到良好的流通；農民受損害，耕種的積極性自然就下降了，進而造成田地的荒蕪。如果規定糧價每斗價格最高不超過八十錢，最低不少於三十錢，在這個價格之間，農民和商人都能得利益。糧食以平價出售，並調整其他物價，這樣關卡稅收和市場供應都不缺乏，這才是治國之道。

捐客或貪心的商人獲利只有十分之三，廉正的商人獲利卻有十分之五，這一類人也可與巨豪之家相比，大概的情況都是如此。至於其他雜業，如果利潤不足十分之二，就不是我說的好的致富的行業。

【原文釋評】

利潤是企業經營的根本目的，獲取利潤是企業生存和發展的必要條件和直接動力，是以長期以來，追求利潤最大化是大多數企業堅持的目標。但換個角度來看，企業應該追求的不是短期的最大化利潤，而應該是長期的最大利潤，這樣企業才可以擁有較大的市場競爭優勢，佔領和擴大更多的市場佔有率，擁有更好的發展前景。要實現長期的最大利潤目標，不一定是採取最高定價的方法，因為價格太高會導致顧客消費能力的下降，進而導致產品的銷售量下降，利潤總額也會因而減少。只有採用既不過高又不過低的合理價格，「仁德」地取得適度利潤，才能緩解激烈的市場競爭，保證顧客持續的購買力，樹立良好的企業形象。以適度利潤為目標不僅能使企業避免市場惡性循環的競爭，又能兼顧到企業和顧客兩方面的利益，進而獲得長期利潤。

【阿滔的原則】

同樣也是一個關於賣米的例子，阿滔自己開了一家小米廠，他一直堅持一個三七原則：即每一百斤稻穀打出七十多斤米、二十多斤糠。而其他米廠一般都是採用二八原則：即每一百斤稻穀打出八十多斤米、十多斤糠，如果可以，就盡可能地打出更多的米和更少的糠。靠常識都知道，米的價格高，而糠的價格低，米多而糠少就可以多賺錢，糠多而米少就只能少賺錢，阿滔為什麼不懂？

其實不是他不懂，他這樣做是有自己的用意，因為一百斤稻穀打出的米越少，顏色就越好，品質就越高，是以買米的人都願意到他的廠裡來買米；同時打出的糠多，意味著糠裡面有更多的小米粒，營養成分就更多，等於說買到了價值更高的糠，是以買糠的人也願意到他的廠來買糠。整體來說，不管是買米的人還是買糠的人，都更願意來光顧阿滔的生意，阿滔一直堅持這個三七原則，是以他的生意一直十分興隆。

阿滔就是懂得設置適度的效益目標、控制適度利潤的一個商人，他合理設定經營效益目標，保證顧客獲得產品的最大利益，也保證了自己企業長遠穩健的經營效益，在顧客和自己的企業之間找到了雙贏的平衡點。

有一家著名的房地產開發企業，曾經率先在被認為是暴利行業的房地產開發業提出「超出二五％的利潤不做」。

他認為，做企業是為了賺錢，但是為了客戶利益，有時寧可「少賺一點點」，也要盡量讓房子的價格，能夠讓大多數有意願購房的中產階級，憑自身的收入買到滿意的地產。這樣的房價能夠讓開發商得到適度的經營利潤，鼓勵開發商開發出更多更好的房子，而買到了房子的顧客，他們所擁有的房子也會逐年穩定地保值增值；最終，還能保持對國民經濟其他行業的強大拉動作用，讓更多的人來添置房子。

利潤是企業生存的重要目標和強勁動力，但不要對利潤無節制地攫取，在追求利潤的時候要留有餘地，利潤最大化只是一種理想的理論抽象，實際工作中很難找到衡量的標準，少賺一點點，放眼於往後的發展利益，才會對企業的持續發展能力有利。

君子愛財，取之有道

【原文】

此其章章尤異者也。皆非有爵邑奉祿弄法犯奸而富，盡椎埋去就，與時俯仰，獲其贏利，以末致財，用本守之，以武一切，用文持之，變化有概，故足術也。

【語譯】

這些人都是顯赫有名、與眾不同的人物。他們都不是有爵位封邑、俸祿收入或者靠觸犯法律、作奸犯科而發財致富的，全是靠推測事理，在進退取捨中隨機應變來獲利的，以經營工商這些終端產業致富，用購置田產從事農業守財，以各種強有力的手段奪取一切，用溫和的手段維持下去，變化多端大略如此，是以是值得記述的。

【原文釋評】

中國有一句古話：「君子愛財，取之有道。」具體說來，也就是要依靠自己的能力、智慧，用勤奮誠實的勞動去心安理得地爭取，而不是存一份發橫財的心思靠旁門左道的鑽營，否則就算一時成功，之後也難以維持下去，是以創業難，守業更難。真正做出大成就的成功的商人都知道，商事運作是最要講信義、信譽、信用，最要講誠實、敬業、勤勉的，經商之道，首先是做人、待人之道。一句話，就是商人要有商德，要「有所為有所不為」。

【講信用的藤田田】

藤田田是在日本商界叱吒風雲的人物，是日本所有麥當勞連鎖店的主人，他曾寫過一本《猶太人賺錢絕招》的書，其中講過一件他因遵守契約而獲得猶太人信任的事情：藤田田曾與美國油料公司簽定了為其製作三百萬套餐具刀叉的合約，定於九月一日在芝加哥交貨，只要最遲在八月一日由橫濱出貨就不會誤了交貨日期。於是他馬上聯絡廠商進行生產，但由於種種原因廠商無法按時交貨，需要延長到八月二十七日才能出貨。可是如果用平常的運輸方式那肯定是來不及的，而用空運的話費用要三萬美元，幾乎把三百萬套刀叉的利潤全部都賠進去了，這就很不合算。

但藤田田認為，一定應該按合約守信用，於是不惜三萬美元的空運費租下了一架波音飛機，裝上貨物後飛往芝加哥，如期交了貨。猶太人做生意是最講究信用的，他們對藤田此舉大為讚賞。不久，他為了信用包飛機如期交貨的消息不脛而走，在猶太人中贏得了很高的信譽，於是，他獲得了「銀座猶太人」的美譽，是以當後來他在日本開設麥當勞連鎖店時，儘管條件不夠，但猶太人還是給了他最大的信任和支持，進而讓他成為日本的「麥當勞大王」。

「企業信用第一」，講信用是經商要始終遵守的根本，是企業經營成敗的關鍵。商人和企業要意識到信用的重要性，從長遠發展的戰略高度來看待信用，從一言一行中表現出自己的信用。用信用來鑄就企業的品牌，用良好的商德征闖商場，才會讓人心服口服。

淡季旺季——貨物供應週期

【原文】

旱則資舟，水則資車，物之理也。

【語譯】

乾旱的時候就要備船以應對水患，水患的時候就要備車以應對旱災，這樣做才符合事物發展的規律。

【原文釋評】

司馬遷提出「水則資車，旱則資舟」有何道理？在水量匱乏的年要準備好船，因為這時船不值錢，低價就能得到，在來年水災來的時候就大可派上用場，在水災的時候，就不要備船了，而是要準備好車子，因為水災一過，人們就不需要船了，而是需要用車子。也就是說企業生產的產品，不僅要符合當前市場的需要，而且要研究未來的發展趨勢，提前制定好準備措施，滿足未來市場上的需要，到時不至於措手不及。司馬遷身處的時代正是農業社會的時代，他用計然的話講出了「豐欠循環說」的規律。從農業上來講，「豐欠循環說」認為農業生產受自然氣候影響很大，糧食的收成隨著自然氣候的變化而變化，「太陰在卯，穰；明歲衰惡。至午，旱；明歲美。至酉，穰；明歲衰惡。至子，大旱；明歲美，有水。至卯，積蓄率歲倍。」這是說，農業生產在木星從卯位開始，再回到卯位的十二年中，農業經歷了從大豐收到欠收，然後到小豐收，再到大豐收的這個不斷循環的過程。在這期間要把握時機，豐收年糧食價低，就要多貯存，不僅可以緩解糧價下跌的損失，也可以為以後的漲價拋售做準備；而在欠收年糧價昂貴時就要拋售糧食，在價格未回落時及時出手，賺得利潤。

那些戴舊草帽的大清早搖船出來，到了埠頭，氣也不透一口，就來到櫃檯前面占卜他們的命運。

「糙米五塊，穀三塊」米行裡的先生有氣沒力地回答他們。

「什麼！」舊草帽朋友幾乎不相信自己的耳朵。美滿的希望突然一沉，一會兒大家都呆了。」

「在六月裡，你們不是賣十三塊嗎？」

「十五塊也賣過，不要說十三塊。」

「哪裡有跌得這樣厲害的！」

「現在是什麼時候，你們不知道嗎？各處的米像潮水一般湧來，過幾天還會跌啊！」

……

這是短篇小說《多收了三五斗》裡面的情節，農民們好不容易獲得了豐收，用船載著米來賣，滿以為可以賣個好價錢，好給家人做幾件新衣裳，給家裡添置一些東西，但是他們美好的希望卻落空了，因為好收成帶來了賤糧價，市場供過於求。

同樣的，用在其他物品上的銷售供應規律也是一樣，是以司馬遷說「水則資車，旱則資舟」。企業想要取得經營的成功，也必須遵守規律，根據規律推斷商情變動並掌握應對的技巧，從事商業活動，能主動提前遠瞻到未來市場的需要，就會得利，貨物的供應週期影響市場的價格，這是經濟學上一個不變的原理。

未雨綢繆，看清市場

商品的市場佔有期是有限的，以水果為例，大多數水果的成熟期只有一至兩週，在這些水果集中上市的一至兩週裡，水果供應嚴重超過了大眾的需求，相應的，價格也就相當便宜了。但是這段時間過後，這種水果都收穫完了，市場上賣的就少了。那麼價格也就會相應提高。

有見識的商人懂得利用這個規律，於是趁旺季的時候備好商品，到淡季的時候再賣出去。這一來一往，就是好生意的秘密所在。

【豐收的柑橘】

有一年的夏天，柑橘的收成非常好，果農們很高興，可到市場上去賣，柑橘的價格卻一降再降，以往每公斤至少要賣二十元的，現在賣不到五元，利潤非常低。柑橘市場的惡化，成本價與市場價的差異，引起了果農們的恐慌，他們這季的生意已經是入不敷出了，而種其他水果的果農因為上市的果實很少，是以市場價格大漲，賺滿了荷包。於是很多種柑橘的果農紛紛改種水果，而阿文卻不跟隨，他忍痛降價賣了豐收的柑橘後，又開始精心栽培他的柑橘樹。這個迴異於眾人的行為讓家人很不理解，質疑聲四起。但低谷過後，高峰肯定會到來，這是市場的一般規律。果然，來年市場的柑橘價格開始穩步上升，由於之前的銷售危機使得很多原本種柑橘的果農轉栽了其他水果，於是市場上的柑橘供不應求。那些轉栽的果農們很是後悔，阿文卻樂開懷地將自己一年的好收成搬向市場，由於市場價位本來就高，再加上他種的柑橘收成很好，他賣得了很好的價錢。

研究商品過剩或短缺，會讓我們懂得物價漲跌的深層次道理。物價高到極點的時候必然會走下坡路，反之，物價便宜到極點以後，也會漸漸上漲，這就是呈波浪型的自然規律。像計然所說，當貨物價格高到一定程度時，該出手時就出手，及時賣出去——就像是看待糞土一樣；當貨物賤到一定程度時，要及時購進這些低價的貨物——就像是對待珠寶一樣，這雖然是前人在幾千年前總結出來的經驗，可這個真理是永遠不會過時的。

開闢管道，淡季也是旺季

淡季是與旺季不是絕對的，與其在淡季時坐等或抱怨，企業不如思考一下能否另闢路徑，找到新的銷售管道，讓淡季不淡，也不失為一個好的應對辦法。

在旺季，眾多品牌都會同時開展你爭我逐的行銷活動，對市場的拚搶十分慘烈，要消耗大量的人力才力，但是在淡季就不一樣了，經過一季的爭奪，大多商家都偃旗息鼓下來，對旺季的銷售做出結論，行銷活動的頻率減少，而聰明的企業就會正確的認識淡季，從中找到繼續營業的契機。

【耶利亞的全年行銷】

夏天是細菌大量增長的時期，各種品牌的女性護理液都會以大量的資金做廣告，宣傳自己的產品有如何功效，達到了什麼樣的國際標準等等。消費者面對這些目不暇給的品牌都很少做思考，沒有具體的認知，哪個品牌的廣告效應好就買哪個品牌。等到了秋冬時節，各護理液的宣傳都鳴金收兵了，有一個名為耶利亞的護理液品牌，卻仍然在進行行銷。他們認識到，當前女性護理液消費者的消費認知還是很模糊的，只知道夏天該殺菌，而不知道秋冬時期的天氣多變，更該預防病發，是以往往放鬆警惕，不加注意。於是耶利亞公司決定向當前消費者及潛在消費者灌輸這類科學知識，以此來為他們的品牌做宣傳。他們選擇在報紙和女性雜誌上發表文章的方式，闡述了秋冬預防女性疾病的必要，然後介紹耶利亞在這個方面的獨特功效，在每篇文後還附上一兩條生活小提醒。不久，廣大女性朋友都知道了應該長年注意自己的身體健康，而且立刻會聯想到耶利亞這個品牌，與人閒聊的時候也會將這個資訊傳遞給他人，最終，耶利亞達到了想要的行銷效果，成了沒有淡季的女性護理液品牌。

其實，季節是淡是旺都無所謂，關鍵還是要看企業們自己用什麼態度來對待，有沒有採取積極的應對措施，進而讓市場整體的淡季變成自己企業的旺季。

正視規律，淡季做品牌

也許其他的產品特點決定了，它不一定都能像上面的女性護理液一樣做長年行銷，如季性很強的產品。但是淡季的競爭小，競爭對手們大多都在休整階段，企業在此時可以花費比旺季時更少的精力和投入進行宣傳，就算生意不好，但產品資訊更容易深入人心，為下一個來臨的旺季銷售提前鋪好路，這也就是我們通常說的「旺季做銷售，淡季做市場」。

【搶先的統一】

統一企業就是這樣做的，它每次都是在秋天飲品淡季的時候推出新品種的茶飲料和果汁飲料。比如統一冰紅茶，就是在秋天的時候推出的。

一般的常識都知道，這個時候根本不適合喝這種飲料，但統一卻挺進市場了，它把這個時期作為新產品的市場導入期，這時進入市場，基本上沒有其他同類產品的競爭，非常輕鬆地就能達到預期的效果。當然，也許統一推出新產品的產量不多，銷售也並不好，但是它在消費者對飲料關注的頭腦空白期內印上了深深的烙印，可能消費者心裡就會想：「耶？統一又出新產品了，等哪天天氣熱時我一定要買來試試。」反之，如果統一是在旺季的時候推出新產品，各企業你推一個新產品，我也推了一個新產品，還怎麼去指望已經應接不暇的消費者好好地關注你？

是以在競爭對手無力反擊的淡季做好市場的基礎工作，是明智的選擇，利用淡季的品牌推廣，搶先在消費者心中佔領強大的地位，把潛在消費者變成衝動型消費者，把衝動型消費者變成忠誠型消費者，就能為旺季的銷售做很好的準備。就整個行銷過程而言，淡季和旺季的區分也只是在於行銷階段的區分而已。

居奇待乏——市場供求關係

【原文】

子贛既學於仲尼，退而仕於衛，廢著鬻財於曹、魯之間，七十子之徒，賜最為饒益。

【語譯】

子貢離開孔子後，回到衛國做官，利用買賤賣貴，囤積居奇的方法在曹、魯兩國間經商，孔子教的七十多個高徒中，子貢最富有。

【原文釋評】

企業要順應大自然的規律，釐清淡季和旺季，盡力做出應對策略，比起這個，更為主動的是認清市場供需間的關係，在供需博弈中採取有效的行銷策略把握市場，有時有必要在當前時期囤積居奇或調整市場供應，等待最佳銷售時機，也就是經濟學當中的「待乏原則」，「人棄我取，人取我予」，在商品有餘、價格低廉時購買，而到商品缺乏，價格昂貴時售賣。此乃「待乏」。待乏原則闡明了企業要如何預計市場上的供需變化並且做出反應，滿足未來市場的需要，子貢就是因為深諳此道，是以成了孔子徒弟裡最富有的人。是以，如果說瞭解貨物的季節供應是企業被動適應自然規律，把握市場的供需就是企業主動尋找方法，來應對市場供需多變的特點。

囤積居奇，買賤賣貴

囤、積、居都是積聚的意思，「奇」指稀少的物品，也就是說，商人把稀少的貨物大量儲存起來，等待高價的時候再出賣，以牟取暴利。囤積居奇，要求商人必須以發展的觀點來看市場，還要有先知般的市場預測性眼光，把握時機，購進賣出。

【正男的盤算】

日本有一個叫正男的商人，一直做著外貿生意，有一次，一艘遠航的瓷器船來到了他附近的碼頭，運來了大量精美的瓷器，價格又公道，讓人愛不釋手紛紛前來爭搶，有的作為收藏，有的作為饋贈品，一時之間，瓷器品充斥了日本市場，正男卻穩坐泰山，不為所動。賣到後面，剩下的瓷器即使還是上等貨，卻都很便宜了，此時很多人都已經擁有了，於是就沒有爭相購買的情況了。

這時正男開始籌畫收購剩餘瓷器的事了，因為他知道這艘船的瓷器買賣也做得差不多了，不會在碼頭停留太久了，等它下一次來又不知是何年何月了，在這期間肯定又「物以稀貴」了，這是一個千載難逢的機會，不可放過。說做就做，正男立刻湊好錢去做收購。半個月後，瓷器船離開了，慢慢的，人們又開始懷念那些精美的瓷器，收藏的價格果然上漲了，正男馬上專門開了一間店鋪來做他瓷器藏貨的限量銷售，以此大賺了一筆。

企業要有前瞻性，眼光要看遠一些，就像下象棋，每走一步都要認真思考很長的時間，不是因為他猶豫不決，而是他在考慮全局，考慮接下來的發展，只能看到面前一兩步棋的人肯定是必輸無疑的。

【賺豬瘟的錢】

菲利普・亞默爾是美國一個肉食加工商，有一天他看報紙得知了一個消息：墨西哥發現了感染瘟疫的豬，國家已經下令限制豬群的流動，同時也限制肉製品的加工，亞默爾預感到墨西哥的豬瘟即將跨過海峽傳到加州和德州，因為美國大部分的肉製品供應都是來自這兩個州，如果到時兩個州的肉源供應受到限制，全國的肉製品的供應將十分吃緊，於是他立刻決定趁豬瘟傳來之前，大量收購加州的和德州的生豬和豬肉，囤積起來伺機而動。不久豬瘟果然傳到了加、德兩個州，並迅速蔓延開來，美國政府下令禁止兩州的豬肉外流，這下全國市場上的豬肉供應就短缺起來了，肉價飛漲，亞默爾知道時機到了，就開始將之前囤積的豬宰好拿出來送到市場，供不應求，無疑大賺了一筆，從此他的肉製品加工公司也更出名了。

可見，亞默爾的眼光就放得很遠，迅速捕捉到了市場資訊，透過一則普通的資訊就激出了腦海裡的戰略意識，提前做好了準備。由此也可見，商人有遠大的眼光還不夠，企業還要有主動調整策略的意識，隨時留心市場上的各種資訊，勤於思考，憑著進取拓展的鬥志，在變化中把握機會，贏得發展。

【約翰囤貨】

有一年經濟蕭條，各大百貨公司的貨物滯留如山，連十雙襪子只賣一美元的情況都出現了，可是仍舊沒有什麼顧客上門。有一個名叫約翰的青年注意到了這點，他跑回家去找親朋好友借錢，湊齊之後跑去大量收購了那些賤賣的貨物，由於他是傾囊大量購買，是以他在賤賣價格的基礎上又減了些價下來。當他花光了身上的最後一分錢，運著一大車貨物回到家時，家人都埋怨質疑說他瘋了，但他笑而不語，將貨物在倉庫放好。沒過幾天，市場經濟更加惡化，各大商家眼看自己的貨物賤賣不出，都急紅了眼，最後寧可焚燒貨物也不再賤賣了。

這種情況下，約翰的家人更是替他擔心，而約翰卻另有想法，他認為經濟已經跌至谷低，下面政府肯定會提出相應的措施進行干預。果然，政府慢慢頒布了整治政策以扶持廠商，恢復物價，促進貨物流通，經濟由此漸漸好轉，但此時很多商家手上的供貨開始不足了，市場供不應求，約翰找準合適的價位開始傾倉銷售，家人勸他不要著急，可能後面的價格還會上漲，但約翰卻認為當下才是最好的時機，隨著倉庫貨物的出清，市場有可能就會出現轉折。果然，當約翰剛剛將庫存貨物出清，鈔票還沒數清時，市場的供需就已經平衡了，而很多商家仍然在趕產，再下去的話又是供過於求了，約翰又開始等待下一次的時機……

面對環境的不斷變化，商人的判斷力、決斷力和實施力是很重要的，預測要先於市場的變化，決策要趕上市場的變化，實施時不能滯後於市場的變化，這樣企業才能在瞬息萬變的市場環境中遊刃有餘，否則就會失去機會，錯過有利的形勢。

「人棄我堪取，奇贏自可居。雖然神暗助，不得浪貪圖。」這是明朝一本話本小說《初刻拍案驚奇》的一句詩。

計然也曾經說：

積著之理，務完物，無息幣。以物相貿易，腐敗而食之貨勿留，無敢居貴。

他說要積貯貨物，要務求其完好牢靠，金錢要流通才會增值，要做到手裡沒有滯留的資金。買賣儲藏貨物，凡是屬於容易腐敗的貨物千萬不要久藏，這種貨物切忌為了求得高利潤而冒險囤積。

巴爾札克筆下有一位非常有名的吝嗇鬼——歐也尼・葛朗台，他足擁有幾百萬家財的富翁，他愛金如命，隨時隨地忘我地累積財富，卻捨不得花費一個錢幣，到死的時候他也守著保險櫃不放，當打開時，櫃裡的錢一碰就成灰了，錢也不再是錢了。

這其實也讓我們認識到了，有財在手要捨得抓對機會去投資，資金在流通過程中才能再生錢，如果只是死守著錢財，不僅事業固步不前，而且在手的錢也會貶了價值。

再者，買賣存儲貨物要選能久藏不壞的，容易腐壞變質的貨物，比如水果、蔬菜，千萬不要囤積久留，一旦變質，得不償失。

【腐壞的荔枝】

王琪開了一個食品公司，公司安安穩穩的發展了幾年，但由於之前王琪的一次經營決策不善，使得公司幾乎倒閉。食品公司做的荔枝罐頭需要大量上好的荔枝，是以荔枝的收成和價格，就成了左右罐頭生產成本的一個重要因素。三月份荔枝上市了，荔枝的市場價格很低，王琪就打算趁著現在價格低，多買一些荔枝放在冰庫囤積起來，就會降低荔枝罐頭的生產成本，等到荔枝淡季的時候，那些生產上用不完的荔枝還可以高價倒賣出去，一定能賣個好價錢。

開始一切都在王琪的預料之中順利進行著，他不斷大量購進荔枝，慢慢的，市場上的荔枝價格開始上升，王琪沒有馬上賣出那些多餘的荔枝，他要等價格再上漲一些，同時他繼續買進荔枝，以抬高市價，當他準備在荔枝的高價位準備拋售時，打開冷庫一看，他傻了眼，囤積的荔枝太多了，遠遠超過了食品廠冷藏庫的容量，那些沒有儲藏好的荔枝經過這麼多天，早已變壞腐爛了。

王琪的如意算盤落空了，公司也大傷元氣，不知什麼時候才能恢復過來，囤積居奇是遊走於市場供需變化中的好方法，但若是項目的選擇不當，就會得不償失，「賠了夫人又折兵」。且不說因為個人因素，沒有計算好庫存量，停電等意外情況也是難免發生的，這類容易腐壞變質的貨物，囤積的風險是極高的，企業在做囤積居奇的決定之前，一定要小心，千萬不要被貪心所蒙蔽。

出奇制勝，拉動需求

精明的企業在瞭解了當前的市場關係後，是可以採取措施影響市場需求甚至是培養出市場需求的，如果說囤積居奇是一種長期戰略，出奇制勝的市場促銷方式就是短期戰略，也可以大大帶動消費需求。

利用價格，打動需求

商品的價值最終都是透過商品的出售價格來具體表現出來，商家關心價格，因為它關係到盈還是虧的問題，消費者也關心價格，因為它關係到消費者想不想買，以及買不買得起的問題。生活中，我們不乏見到商家利用各種形式的價格促銷來打動消費者的需求，比如積分、折價券、打折、換購等，都是在商品售價上做文章，這些促銷的方式一般是基於一種消費心理的研究，那就是超實惠的消費者心理。

第一種是真正意義上的心理定價，在商品剛開始銷售，商家給貨物定價時，不能只考慮到能賣個什麼好價錢，還要考慮到消費者的第一反應，要讓消費者看到實在的好處，也要讓消費者在下一秒的思索時間裡覺得划算。

【一元之差】

傑克是一家百元飾品店的老闆，所謂百元店就是指他店裡的商品售價都是百元，生意很一般，是以他很想再吸引一些顧客。有一天他看報紙上說超市裡促銷商品的定價都有講究，就是商品標價不要滿整，一百元的東西要標價成九十九元，這樣顧客心裡就會覺得很划算，雖然只有一元之差，但給人的心理安慰很大。於是，傑克以此類推，將自己的百元店改成了「九十八元店」，很多人被這個特別的名字吸引了，覺得給人很實惠的感覺，都經常來光顧他的小店。有人問傑克為什麼不叫「九十九元店」？傑克笑道：「九十九元的這種定價已經很普遍在使用了，有些錙銖必較的人會覺得我只是打個讓利的幌子，而九十八元、九十七元的定價會讓消費者更相信我想讓利的真誠。」

心理定價是在瞭解消費者心理的基礎上進行的，只要以真誠的心讓利，消費者一定都能感受到，只要能留住消費者，多讓一元也不妨。

我們常說的「薄利多銷」，也是其中一種價格策略，商家讓一點本來該賺得的利潤出來，不賺或者少賺一部分錢，以維護客戶群，期待商品銷售總量的增加，來彌補單個商品少賺的錢。透過價格上的調整，人為地製造一次的市場需求高峰。

【兩家服裝店】

有兩家服裝店同時進了五十件同一款連衣裙，進價都是一件一百元，「路路」服裝店的售價是一件一百五十元，但銷售業績平平，平均兩天賣一件，賣完這批服裝需一百天，可賺得利潤二千五百元，而另一家「汀汀」服裝店把售價定為一件一百三十五元，打出「新款上市，九折出售」的明顯標誌，平均每天賣一件，賣完這批服裝需五十天，賺得利潤一千七百五十元，在售完前再補進五十件相同價格的另一種款式的連衣裙接著銷售，也是九折出售，五十天後賣完，也還是賺得一千七百五十元，兩次賺得共計三千五百元。

同樣的一百天的銷售期，「汀汀」服裝店求薄利的方法更能吸引消費者，讓服裝店加速了貨物流動，賺到的錢也比「路路」服裝店的多。是以，不該高價囤積的時候就要囤積，要捨得放下身價，加強企業貨物的流動性，既能避免貨物滯留，也能騰出資金給新產品上市。就會讓消費者覺得你們的產品既實惠又出新。

還有一種價格銷售策略是「撇脂定價」，又稱高價法，它是一種具體的說法，是指把乳酪中浮在上層的乳脂撇走，即將產品的價格定的較高，其特點是價格高。消費者有一種消費心理就是「便宜沒好貨」、「高價格意味著高品質」，於是也很能接受。

【兩種葡萄酒】

「吉倫」是一家生產葡萄酒的老廠家，它生產的葡萄酒憑藉優良的製作、醇美的口感在銷售市場上處於老大地位，一枝獨秀，但下半年市場突然冒出了一個品牌叫「奧比」的葡萄酒。消費者驚喜地發現，「奧比」葡萄酒的口感、包裝並不差於老品牌「吉倫」，而且它一出市場的售價就比「吉倫」低一美元，於是「奧比」葡萄酒很快在市場上站穩了腳跟，隨著人們的口耳相傳，它的市場佔有率穩步擴大。很明顯，「吉倫」的市場地位受到了嚴重威脅，一般來說，要麼它也該降價，以穩住市場佔有率，要麼它不動聲色任其自由發展，但「吉倫」不但沒降價，反而令人意外地把葡萄酒的售價提高了一美元，起初人們大跌眼鏡，把商品的價差與競爭對手進一步拉大開來不是自尋死路嗎？就在這時，「吉倫」利用媒體打出了一句廣告標語「享受高品質生活，選擇高品質『吉倫』」，同時吉倫公司迅速推出了一種新包裝產品──「凱城」葡萄酒，售價和「奧比」一樣。其實，「凱城」葡萄酒和「吉倫」、「奧比」葡萄酒的原料、做工、口味都差不多，只是換了個包裝和名稱而已，但卻滿足了消費者嘗新的心理，給予了「奧比」以其人之道還治其人之身的回擊，而另一方面吉倫公司的主打產品「吉倫」葡萄酒利用漲價一美元的手段，在消費者心中形成了更高一個層次的品質感，這個定位就將「奧比」葡萄酒遠遠的比了下去。

最終，「吉倫」葡萄酒不僅還擊了對手，保住了市場佔有率，還提升了自己的形象，將價格策略用得十分成功，這就是為撇脂定價的典範之一。

限量銷售刺激需求

限量銷售也是一種促銷方式，據專家研究，消費者普遍存在著人無我有的消費心理，如果我有的東西別人也有，就沒有多大意思，但如果我有的東西別人沒有，那是多大的優越感啊！限量銷售正是從這個理論出發，透過限量生產激發消費者購買欲。

【珍貴的限量版】

施華洛世奇公司是著名的水晶製造商，它的水晶產品最為動人之處不僅僅在於製品是多麼巧妙地被打磨成數十個切面，以致其對光線有極好的折射能力，整個水晶製品看起來格外耀眼奪目，更在於施華洛世奇公司一直透過其產品向人們灌輸著一種精緻文化。是以，施華洛世奇也是一種文化的象徵。施華洛世奇推出的水晶設計，每年發行一個年集，以三年為一個主題系列，限量發行，必須持有SCS（施華洛世奇收集家協會）會員卡才能訂購，是以這些水晶極其珍貴，一旦有新品上市，都非常搶手，有的消費者為了得到心儀的水晶，甚至聯絡越洋的朋友幫忙在當地購買。

所謂「居奇」就是「物以稀為貴」，是不變的真理，企業生產的產品可以不在多而在精，只要能滿足消費者挑剔的口味，產品的價格即使貴一點，數量即使少一點，也會有很好的銷路。

企業還可以透過一些商業手段來達到虛假供求的現象，所謂的虛假，就是不真實，也就是在剛開始在市場上營造商品供不應求、極其缺乏的假像，在人們充滿好奇心的時候打出自己的品牌，讓人們記住，看準時機後再把商品放到市場，其實就是以虛假市場需求引出真實市場需求的促銷方式。

【金武皮帶】

金武公司是一家生產皮具品的企業，有很好的製作工藝，他們準備進軍東南亞等海外市場皮帶市場，而且是男性皮帶市場，因為在調查研究中發現，皮帶是男性身上僅次於領帶的穿著飾品，應該是一個有潛力的市場，隨後他們就研製出了一批質好精良的皮帶。可是已經有眾多名牌皮帶走在了前面，除了想出一些奇特的點子打入市場以外，也別無他法了。後來，金武的行銷團隊在電視上打出了一句廣告語：「金武皮帶，男人的氣魄！」廣告時間並不長，只是用較高的頻率在電視上亮相播出，但實際產品並未急於投放市場，而是囤積在庫房裡。

起初，這個廣告並未引起人們的注意，但久而久之，這句簡短的廣告語就在人們腦海中形成了，有妻子會在飯桌上問老公金武皮帶好不好？老公們都說沒用過，妻子就說改天我去看看，聽說是突顯男子氣魄的；有同事會在閒談中提及，會互問知不知道金武，大家都說只看到廣告，但還沒看到有誰在用。於是人們都很奇怪，是什麼樣的皮帶啊，只聞其聲，不見其形，是不是很昂貴很稀有，或者是不是在專門的銷售管道裡才能買到？這個皮帶是不是真的很「男人」？就在這時，金武皮帶將電視廣告換了句話：「金武皮帶於某日隆重上市」。到了那天，金武皮事果然依約走上了貨架，人們湧來以一睹其真顏為快，都為它精良的做工和別緻的設計所吸引，紛紛搶購，有的是買給家人，有的是作為饋贈，於是，第一批貨很快一售而空，第二批貨也接到了預定。

這個過程就是利用了虛假需求引起人們的好奇，讓他們以為此物難得進而志在必得。讓消費者先是高關注產品，用這種高關注在內心深處不知不覺累積起潛在需求，然後產品上市讓消費者的潛在需求得到釋放，進而完成銷售。

調整供應滿足需求

顧客是「死」的，生意是「活」的，在面對每一次的市場供需問題中，企業首先都要從反思自己開始，是不是哪裡有什麼問題沒有注意到，是不是有什麼步驟需要調整等等，既然「顧客是上帝」，侍候上帝的企業就要刻苦點研究上帝的喜好，調整服務，才能受到上帝的青睞。

【日伊百貨的變幻供應】

大木良雄的「日伊百貨公司」開業後生意很一般，和其他同等級的百貨公司相比沒有任何特別的優勢，大木良雄苦心思索著解決辦法，經過一段時間的統計，他發現每天來日伊購物的顧客有八成都是女士，男士單獨來的很少，多半都是陪女伴來的，而且一天之中，從早上開門到晚餐時間光臨的人部分是家庭主婦，她們往往直奔生活所需的物品，沒有閒逛，其他商品的銷售就很慘澹了；下午下班時間以後至打烊，來光顧的多半是白領們，她們一般都成群結隊，在商場裡談笑風生，頗有閒情逸致，她們的消費能力也很強。

大木良雄深刻認識到家庭主婦和白領在購物風格上的巨大差異，如果用像以前一樣一成不變的經營方法，銷售績效很難有突破，可不可以嘗試著根據顧客來變化？於是，大木良雄決定按時間差異來陳列商品：白天開門後在商品陳列架的顯著位置擺放上食品、日用品、手工藝品等，而等到了下班時間，家庭主婦都回家做飯，商場冷清下來以後，他迅速命人將貨架重新布置，將化妝品、時尚服裝、新奇玩偶、潮流手袋等商品擺在顯著位置，盡量迎合下班年輕人的喜好，還不時地挑些新穎的商品放在花車上打折促銷，更是招來了人氣。

大木良雄透過細心的觀察分析，把一天的銷售時間分成了兩個部分，並對貨品做了適當的調整，這種策略收到了意想不到的效果，把各銷售時間的生意都做旺了。這種主動去適應供求關係的做法是值得學習的。

此外，過季銷售也是企業透過一些靈活的定價、促銷手段來改變消費者當前需求的一種調整供應的方式，在反季銷售中，消費者不僅可以得到心儀的產品和服務，還可以享受到各種打折優惠和贈品。這在服裝業尤其明顯，我們經常能看到「換季清倉」等銷售口號，在春季來臨時，銷售打折的羽絨服，而在秋季銷售涼快的裙裝。

總之，居奇待乏是一門很深的學問，每個企業和商人都要有眼光、有頭腦、有決斷，做好了，就是變幻莫測市場上的成功駕馭者。

各司其職，各盡其能——各行業之間的依存

【原文】

故待農而食之，虞而出之，工而成之，商而通之。

農不出則乏其食，工不出則乏其事，商不出則三寶絕，虞不出則財匱少。

【語譯】

人們要靠農民耕田種地，取得食物；要靠掌管山林水澤的官員，以及開發山澤資源的工人進山開礦；要靠工匠鍛煉打造成器具；要靠商人貿易，使貨物流通於天下。

農民不種田，糧食就會缺乏；工匠不做工生產，器具就會缺少；商人不做買賣，糧食、日常用品等物品和錢財，這三種不可或缺的東西就會斷絕來路；而不開發山澤，資源就會短缺，資源匱乏了，經濟就不能進一步開發了。

【原文釋評】

在當時的那個年代，司馬遷並不像一般的士大夫那樣鄙視工商業，而是認為各行業都有其存在的必要性，他把農業、工業、商業、虞業四者相提並論，特別是充分肯定了商業在調劑餘缺、勾通有無、貨幣流通、累積財富方面的重要價值，這與當時社會上尊崇的「重農抑商」的觀念是完全不同的，他還看到農、工、商、虞是社會的必然分工，一旦任缺一個，民生就會舉步維艱。在處理農、工、虞、商的問題上，司馬遷認為它們應該要互惠互利、共同發展，要農、工、商、虞並重，因為民以食為天，穩定了糧食才能穩定人心，工匠在溫飽的基礎上才能從事生產活動，創造出其他的生活必需品，商人從事販賣活動雖是為了獲取利潤，但他們的往返運輸達到了溝通有無的作用，虞人雖不直接從事生產活動，但他們開發山澤，確保了生產活動的原料供應。這展現了司馬遷已經在用最原始、最樸素的眼光來正確看等產業鏈的問題了。

產業鏈是產業經濟學中的一個概念，是各個產業部門之間基於一定的技術經濟關聯，並依據特定的邏輯關係和時空布局關係，客觀形成的鏈條式關聯形態。產業鏈是藉助區域市場，協調地區間專業化分工和多維性需求的衝突，以產業合作作為實現形式和內容的區域合作載體。簡而言之，它是具有某種內在連結的產業化的集合，由圍繞滿足某種特定需求或進行特定產品的生產，所涉及的一系列互為基礎、相互依存的產業所構成的。

產業鏈的本質是用於描述一個具有某種內在連結的企業群結構，產業鏈透過上游企業和下游企業相互交換產業價值而形成，上游企業向下游企業輸送產品或服務，下游企業向上游企業回饋資訊。

一根繩上的螞蚱

上游產業指處在整個產業鏈的最初端，是提供原物料和零部件製造和生產的行業，是指處於行業生產的初始階段的企業，這些企業主要生產下游企業所必需的原物料和初級產品等。下游企業主要是對原物料進行深加工和改性處理，並且將原物料轉化為生產和生活中的實際產品。從竹產業來說，上游企業所提供的原料是種植的竹，下游企業是對竹原料進行直接加工，利用專業的加工技術和手段來生產出竹製品，如竹家具、竹雕、竹編等，如果再加長產業鏈，下面就是深加工的下游企業，用竹子的瑕疵品、剩餘材料來生產出竹產品，如竹纖維系列、竹炭系列等。

可以說，上游企業和下游企業是相互依存的，沒有上游企業提供的原物料，下游企業就會「巧婦難為無米之炊」；而沒有下游企業生產的產品投入到市場，上游企業的原物料也會「英雄無用武之地」。是以，各個行業的上游企業和下游企業都和一根繩子上的螞蚱一樣，要互助互利，才能共同生存發展。

經濟全球化的發展趨勢，使產業與整個社會經濟發展的關聯度不斷提高，產業與相關產業之間的連結更加密不可分。上游企業與下游企業的說法是相對的，在某種條件的變化下，從一個角度看是上游產業的，從另一個角度看則是下游產業。

【圖德蘭的產業鏈】

圖德蘭是美國一個石油公司的老闆，有一次他得知墨西哥對丁烷的需求很大，而墨西哥也正有過剩的牛肉在急著傾銷，他就去跟墨西哥的政府談生意，他說他願意買該國銷售的牛肉，只要墨西哥政府買他的石油，墨西哥政府當然非常樂意，圖德蘭馬上又去西班牙一個瀕臨倒閉的造船廠訂購一艘油輪，代價是造船廠必須買他的牛肉，船廠老闆答應了，是以，圖德蘭用石油換得了牛肉，用牛肉換得了油輪，用油輪解決了石油的運輸問題。就這樣，圖德蘭完成了一次循環交易。在這個循環交易中，對墨西哥政府而言，圖德蘭的石油公司是上游企業，為他們提供了提煉丁烷氣體的原料，而對造船廠而言，圖德蘭公司是下游企業，他需要造船廠生產的油輪來做運輸工作。

是以，上游和下游只是產業鏈中的相對概念，再比如農業是糧食加工業、紡織業等企業的上游產業，同時又是化肥、農藥等生產企業的下游產業。紡織業是服裝加工業的上游產業，同時又是化纖業的下游產業。

城門失火，殃及池魚

不同的行業存在著相互依存的關係。中國有一個成語叫「城門失火，殃及池魚」，說的是在一座城的外面有一條護城河，河裡有一群魚。有一天，城門著了火，守城的士兵紛紛到護城河取水滅火，火澆滅了，水也乾了，河裡的魚也全死了。火與魚，完全是風馬牛不相及的兩個事物，但水能滅火，水能養魚，因為水的關係，把兩者連結了起來。同樣，在商業上，看上去完全不相干的兩個行業，有時候卻存在著不可割斷的連結。

相同的行業存在著相互依存的關係。俗話說「同行多嫉妒」，道出了同行業競爭者之間的現實問題，但其實換個角度來看，同行業間也是相互依存的，競爭者們雖然要在同樣的市場上爭奪客戶和資源，但他們也跟你一起共擔著行業風險，相互促進。

【不一樣的老大】

世界上第一台ＶＣＤ誕生在萬燕公司，可是眾所周知，它沒有賺到多少錢。萬燕興致勃勃地建起了ＶＣＤ生產線時，ＶＣＤ市場還是一片空白，但萬燕還是把大把鈔票砸向市場，當ＶＣＤ市場啟動後，萬燕已經是負債累累了，而此時緊隨而至的其他廠家看準時機蜂擁而上投入生產，賺得了大錢，行業開創者萬燕卻沒撈著什麼。與他相反的是有名的飛利浦公司，它是世界上第一家研製出盒式答錄機的廠家，但是它沒有獨家壟斷技術，而是把該發明公諸於世，讓其他的生產廠家一起嘗試生產推廣，等它們投石問路得差不多後，這項新發明已經為人們熟知並接受，這時飛利浦再加大行銷力度，在市場中一躍而起成為領袖。

行業老大走在最前面，可能搶佔的市場最多，但它在風光的背後同時也冒著最大的風險，一旦市場有變，它首當其衝受到損害。而行業的老二、老三等走在後面，可能失去了一定的市場先機，但它們前面有老大的經驗教訓可以借鑑，就這樣跟著前人的腳步走，還可以讓它們走得很穩健。是以要正確地看待這種競爭依存的關係，看準機會賺到錢，才是精明的商人所為。

因地制宜——經濟地理思想

【原文】

故曰陸地牧馬二百蹄，牛蹄角千，千足羊，澤中千足彘，水居千石魚陂，山居千章之材。安邑千樹棗；燕、秦千樹栗；蜀、漢、江陵千樹橘；淮北、常山已南，河濟之間千樹萩；陳、夏千畝漆；齊、魯千畝桑麻；渭川千畝竹；及名國萬家之城，帶郭千畝畝鍾之田，若千畝卮茜，千畦薑韭：此其人皆與千戶侯等。

【語譯】

居在陸地的話就養五十匹馬，一百六十七頭牛，二百五十隻羊；住在草澤的話就養二百五十頭豬；居住在江河或坡塘邊上就養魚，一年可以捕一千石魚（一石大約是今天的十五公斤）；居住在山裡的人，就要種上能夠成材的大樹一千棵。在安邑這個地方栽上千棵棗樹；燕、秦地區栽上千棵栗子樹；蜀郡、漢水流域、江陵地區栽上千棵橘樹；淮北、常山以南和黃河、濟水之間栽上千株楸樹；陳、夏栽上千畝漆樹；齊、魯栽上千畝桑麻；渭川栽上千畝竹子；還有在大都城的郊外擁有畝產一鍾（古代的計量單位，一鍾大約等於一百公斤）的千畝良田，或者栽上千畝梔子、茜草，二十五畝（一千畦等於二十五畝）生薑、韭菜：這樣的人，他的財富就可與千戶侯相等了。

【原文釋評】

司馬遷在寫史記之前，就已經有四處遊歷的經驗了，南方他到達過江淮地區，去過會稽，考察過九疑山，浮遊過沅水和湘水、汶水、泗水，去山東追尋過孔子的遺風，路過江西、江蘇、湖南、安徽等地方。在他當郎中時，他還奉命出使四川、雲南等地方。是以在《貨殖列傳》中，司馬遷以西漢以前的經濟環境為背景，在自己實地考察的基礎上，總結了各地的地理環境、物產資源、經濟發展和民俗民風等。司馬遷還簡單歸納出了五大經濟區域：

一是關中經濟區，即甘肅、陝西、四川；

二是三河經濟區，即黃河以東、黃河以北、黃河以南；

三是燕、趙經濟區，即河北和山西的部分地區；

四是齊、魯、梁、宋經濟區，即山東和河南的部分地區；

五是越、楚經濟區，即長江下游和珠江流域。

經過司馬遷的整理，各地的自然條件、社會民俗就盡收眼底了。由此說明，天下物產在各地的分布都不均，民間習俗各有不同，氣候潮濕的地方多種竹木，礦藏豐富的地方多開採，土地肥沃的就種五穀，地勢險要的就發展商品交換。這就說明了一個道理，那就是地理位置對自然界萬物的影響。從事農業，首先就必須要瞭解各地的物候，陸地上養馬牛羊，江河邊上就養魚，山裡種樹，這些自然不必說，是很淺顯的道理。但是在什麼地方種什麼樹適宜，就要具體情況具體分析了，安邑栽棗樹；齊、魯栽上桑麻；渭川栽上千畝竹，這都是根據具體的地理物候來安排的。

早在《史記》之前的春秋時期，齊國的宰相晏子就說過：「橘生淮南則為橘，生於淮北則為枳。」就是說，如果把橘樹種植在淮南地區，結的果實就會又大又甜，可是如果把橘樹移植到淮河以北去，結的果實就又酸又小了。是什麼造成了這個現象？晏子說這是因為土壤不同的原因。

又如司馬遷擺出的姜太公的例子：「故太公望封於營丘，地舄鹵，人民寡，於是太公勸其女功，極技巧，通魚鹽，則人物歸之，繈至而輻湊。故齊冠帶衣履天下，海岱之間斂袂而往朝焉。」這是說，姜太公輔佐周武王打敗殷紂王得到了天下後，被封在了營丘，但是那裡是鹽鹼地，不適合種水稻之類的，人煙稀少，但是「山東多魚、鹽、漆、絲、聲色」、「齊帶山海，膏壤千里，宜桑麻，人民多文采布帛魚鹽。」因為山東靠近海的緣故，是以魚、海鹽、絲、漆以及美女這些資源都很豐富，土地也適合種桑麻。於是姜太公因地制宜，揚長避短，鼓勵婦女栽桑養蠶，從事紡織刺繡，極力提倡工藝技巧，又鼓勵人們打魚曬鹽，發展漁鹽業，鼓勵商人販賣衣冠等紡織品和漁鹽貨物。結果齊國絲織品的供應遍布全天下，也成為了最大的魚鹽供應地，大量的商人絡繹不絕地前來，財富也滾滾而來，密集地聚集於此。是以齊國國富民強，受到了各諸侯國的尊敬，使他們紛紛前來朝貢。

這種觀念給我們利用地區差異，合理地對地域自然條件加以利用提供了權威的參考。

利用自然，因地制宜

因地制宜的意思是說，根據各地的具體情況，制定適宜的辦法。做一件事要依據具體的地理情況制定適當的措施辦法。要深刻瞭解各地的自然條件，在這個基礎上才能促進我們制定可行的計畫。在生意的經營上也要懂得利用自然條件，挖掘出離自己最近的資源為自己所用，達到用最少的成本創造最大的價值這個目的。

【江家菜地】

有一個叫江家堰的村莊，是整個城市的蔬菜種植基地，那裡空氣清新，氣候宜人，農耕文化濃厚，當地的村民長期從事時令蔬菜和水果的種植，經驗非常豐富。起初，該村種植的蔬菜主要都是供往城市的超市，與超市有長期的合作，但後來這樣的蔬菜種植基地多了起來，銷售不見漲，利潤依然微薄，每畝地的純收入僅一千多元。村民們決定尋找新的致富門路，就想出了讓人們認養田地的點子，就如同讓人們認養小動物一樣的思路。

於是，他們就開展了以「休閒、勞作、收穫」為形式的度假活動，歡迎人們來江家堰做客，到這樣實優雅的鄉村景色中來體驗鄉村生活的悠閒與愜意，把這裡的菜地以租賃的方式提供給遊客，客人可以自主選擇一塊地進行認養蔬菜，在辛勤和汗水中體驗農耕樂趣，享受收穫的喜悅，還可以在鄉村客棧裡小住，感受農家生活，領略鄉土民情，在這樣返樸歸真的簡單生活中遠離都市的喧囂，釋放平日生活中的壓力。來到這裡的遊客都自然而然地融入了田園，純樸的鄉土氣息令他們流連忘返，這種農家生活成了他們的第二種生活方式，他們親切地記住了一個名字「江家菜地」。在這之後，江家堰的村民們的收入已經有了大幅增長，成長了三倍以上。

這就是因地制宜，村民們找到了自己擁有的資源優勢，並大力的開發它，把它的優勢發揮到最大，也就得到了最大的利潤。

正如缺點再多的人也有自己的優點一樣，即使自然條件有不盡如人意的地方，但他肯定也還是有自己的優勢的，這關鍵就要看自己是不是能活絡腦子去發掘了，只要為他創造一項人工條件，他它的優勢作用就馬上顯現了。

【日本樹莊】

同樣也是一個村莊，但這個村莊是在日本一個偏僻的山區裡，它沒有宜人的氣候，沒有得天獨厚的特產，而且通向那個村莊的山路很崎嶇，這幾乎讓這個村莊處於與世隔絕的狀態，整個村裡只有幾十戶人家，靠著貧瘠的山地艱苦地過著日子。有一位精明的商人來到了這裡，聽了村民們的訴苦後，他就地考察了一番，發現這裡確實很落後，除了有一些高大的樹以外，幾乎了無生機。但商人很快想出了一條計策，他對村民們說：「我們有一個優勢可以利用，那就是——落後。」

他提議全村人，利用高大的樹木，在樹上搭房、穿樹葉編織的衣服、披上獸皮，模仿原始人的生活方式，然後他利用媒體打出廣告，說在山裡有一個現代的「原始人部落」，引來了成千上萬人的好奇心，他們都紛紛慕名來參觀，商人就只管坐收成千上萬的參觀費。有些頭腦眼光敏銳的商人也跟隨而來投資修路、建旅社、開商店，村民們也趁機做起了各種生意，很快這個村莊就發展成了一個熱門旅遊點。許多年後，這裡的村民都過上了好日子，有條件穿時髦服裝、住漂亮房屋了，但他們仍然繼續著白天當原始人，上樹生活以吸引遊客的這個職業。

引導村莊致富的這個商人是一個大功臣，他的獨到的眼光和創意讓他的投資取得了成功，在貧窮偏遠的村莊裡發現了當地最普通的大樹資源，就讓村莊走出了貧困，還帶來了源源不斷的後續投資，他將充分利用自然條件、因地制宜的法則用到了極點。

自然條件是天成的，偶然條件則不是，如果能善於捕捉並發揮偶然條件的優勢，也不失為一種因地制宜的好辦法。

【鴿子效應】

美國聯合碳化鈣公司剛落成了一幢五十二層的大樓，正在研究宣傳的辦法，突然有一天一大群鴿子飛進了大樓，鴿子糞、羽毛把房間弄得很髒，有人想把它們轟走，但是公關人員眼睛一亮，產生了一個想法，下令把所有窗戶關上，不讓一隻鴿子跑出去，然後打電話請動物保護委員會的專家來商量如何處理這群鴿子的對策，動物保護委員會的專家來了，紐約的新聞記者們也跟來了，在處理鴿子的這三大時間裡，各種消息、評論在報紙上連篇累牘的報導，聯合碳化公司的名號也頻頻亮相，名聲大振。

待處理鴿子的事件告一段落以後，聯合碳化公司繼續利用各種機會宣傳公司的宗旨，聲稱「愛護動物，人人有責」，由此在社會公眾中樹立了良好的企業形象，提升了公司知名度，為公司今後的發展鋪平了道路。

鴿子飛進大樓本是一件很偶然的事，但是聯合化碳公司卻能利用這個偶然，為公司的聲譽造勢，贏得一片大好的社會輿論評價。

尊重民風，善因人俗

《史記》裡面有一句話說「**百里不同風，十里不同俗**」。對地域條件的利用，不僅要因地制宜，還要善因人俗。善因人俗，雖說是屬於社會地理的，但是它也是和自然地理密不可分的，不同的地域造成了不同的地域文化，不同地方的方言民居、飲食習慣、民間信仰等，都有或大或小的差異。

作為一個商人，這些知識是必不可少的。在太史公之前，中國的先秦時的哲學家們就發現了這個原理。莊子在《逍遙遊》就諷刺過那種忽視民風民俗，一味的主觀臆斷的人，說是宋國有一個人去越國做帽子生意，卻失意地回來了，為什麼？原來，當時的越國基本上還處於原始社會的初級階段，當地的民俗是每個人都光頭紋身。最終的結果當然只會是失敗。

【五顏六色】

日本豐田汽車為了做好行銷工作，特意在當地做過一場調查，看消費者們喜歡什麼顏色的豐田汽車，調查發現，消費者最喜歡的是白色，佔銷售量的七一％，其次是紅色、灰色和茶色，原因是白色汽車的用途廣泛，平時開覺得不落時尚，婚禮或者葬禮上也可以使用，顯得莊重嚴肅，而且白色的車容易轉售。

於是，豐田公司胸有成竹地生產出大量的白色汽車銷往美國和加拿大等地，但業務量卻沒有預期的那樣理想，白色僅排在受歡迎色彩的第三位，排在第一位和第二位的分別是淡茶色和淺藍色，這個結果與豐田在自己國內調查的結果大不相同，於是只好改變行銷計畫，出口美國、加拿大的汽車改以這兩種顏色為主，銷量情況就明顯好轉了。

不同的國家對顏色的喜好也是不同的，如中國喜歡紅色的喜慶，荷蘭喜歡藍色的恬靜，挪威喜歡活潑的綠色，美國喜歡性感的黑色……是以很多企業都特別注意研究各國各地區的顏色喜好。經濟地理的經驗告訴我們，因地制宜就是尊重自然人文的條件，揚長避短，因而越是善於適應各地市場不同狀況的企業就越能成功。

擇地生財——商業選址理論

司馬遷在整理了各地的物產資源、地理環境、經濟發展和民俗民風後，認識到了地理環境對於工商業繁榮來說尤其重要。「**通邑大都，酤一歲千釀，醯醬千瓨，漿千甔，屠牛羊彘千皮，販穀糶千鍾，薪稿千車**」，是說大的都市，地處交通要道，人來人往，車水馬龍，既是經商的黃金地段，也是天下物質的集散地，這不僅是獲利的前提，更是都市經濟繁榮的必然要求，例如關中、三河、燕趙、齊、鄒魯梁宋、越楚這五個經濟區都有共同的特點，就是物產都非常豐富，交通也便利，商業往來頻繁，各經濟區的商業城市都是經濟、政治、文化中心，在這裡富豪雲集，商品交換市場蓬勃發展。是以他認為商業達到了流通物產的作用，特別是地區間的流通，是以應該特別重視地區之間的往來和大都會作為商業中心的作用。

地域自然條件的利用，人是出在被動的位置上，自己不能遠離這個地方，就只能去適應，抓住這裡的優劣然後揚長避短，在這裡，人與地理的關係是出於被動的，如何能變被動為主動？從企業管理來看，「地」就是地勢、資源、交通狀況，日本商界大亨中內功就有「立地第一」的訓示。

俗話說「酒香不怕巷子深」，其實在商業上這是一個錯誤的觀念。它只看到產品品質的重要性，而忽視了商業地址的重要性。商業選址的意義就在於，它是一項長期投資，直接關係著企業的戰略決策，是以消費者為中心的觀點的表現，影響著企業的效益。

古人說「天時不如地利」，商業上地理位置的關係很重要。究竟要選到一個經商的風水寶地，有哪些訣竅？

商業選址不但要考慮到如：影響該行業的政府方針政策、規定法律等政治環境，以及大眾購買力這樣的經濟環境，還要考慮到諸如交通、原物料、銷售市場等這些大的影響因素。

原料

【原文】

魯人俗儉嗇，而曹邴氏尤甚，以鐵冶（集解徐廣曰：魯縣出鐵。）起，富至巨萬。

【語譯】

魯地民俗節儉吝嗇，而曹邴氏尤為突出，他靠冶鐵起家，財富多達幾萬錢。

【原文釋評】

俗話說靠山吃山，靠水吃水。靠山林則經營林木漆器，靠海則經營海產漁鹽，靠近礦產地經營礦冶生意。就拿鋼鐵來說吧，從鐵礦石冶煉到鐵，鐵礦石一般含鐵量為六〇%左右。也就是說，有四〇%左右的廢渣，如果從很遠的地方運來，這是不划算的。是以一般鋼鐵等重工業都是接近原物料產地的。

秦滅趙國後，流放趙人，趙人爭著送錢給管事的官吏，乞求把他們遷徙到近處，但只有卓氏要求遠遷到臨邛，「邛都出銅，臨邛出鐵」，臨邛這個地方出產鐵礦，於是卓氏「**鐵山鼓鑄，運籌策，傾滇蜀之民，富至僮千人，田池射獵之樂，擬於人君**」，他開山採礦，然後把鑄成的鐵器販賣到成都、雲南這些地方，成為了那個朝代的鋼鐵大王，就是伺候他的僮僕都有數千人。被秦國從山東遷徙到西南地區的降民鄭程看了眼紅，也跑來開採鐵礦經營冶鐵業，把鐵器賣給了當地的少數民族，在一山不容二虎的情況下，他也狠撈了一把。卓氏、鄭程的發跡都跟他們地點選擇有關，他們不約而同地選擇了臨邛這個鐵礦產地。同樣的，秦朝第一大富婆寡婦清，也是因為守著一個丹砂穴，成為了數一數二的富豪。

【麻辣火鍋】

李師傅在火鍋街上開了一家「麻辣火鍋」的店鋪，他的店名並不出眾，甚至略顯俗套，但是不久就靠著純正的口味征服了大眾，銷售在同行中遙遙領先，這是因為他做火鍋的原料用得好，火鍋就講究一個「麻辣」，其他火鍋店的花椒和辣椒都是在市場上批發的，但是李師傅重視火鍋原料的花椒和辣椒，他的店鋪所用的是專門從特產地寄來的，成本雖然高些，但是因為味道好，迎合了廣大消費者們的喜好，也就贏得了自己的市場。

俗話說，商場如戰場，打仗就要打有準備的仗，首先要找好彈藥，經商也要先敲定需要的原料，保證原料的來源，巧婦才能為有米之炊。

交通

【原文】

朱公以為陶天下之中，諸侯四通，貨物所交易也，乃治產積居。

【語譯】

朱公認為陶邑居於天下中心，與各地諸侯國四通八達，交流貨物十分便利，於是就在這裡治理產業。

【原文釋評】

「要致富，先修路」這雖然是現代的口號，但是它卻說出了一個千古不變的原則——交通的重要性。古時候不像現在公路、鐵路翻山越嶺，四通八達，當時的交通工具是馬車、牛車或人力車，甚至直接是驢子、騾子、馬等動物，是以交通運輸在當時來說是一個很大的問題。

陶朱公選擇了定陶這個天下交通的中心定居並經營管理生意，與四方的諸侯國交易貨物。得力於交通之便，他沒幾年就發財了。

「南陽西通武關、鄖關，東南受漢、江、淮。」南陽這個地方是一個交通要地，西面與武關、鄖關相通，東南與漢水，淮河、長江通。另一個大富翁宛孔氏，也得益於南陽這個交通發達的地方發跡。

因為交通的重要，是以太史公在《貨殖列傳》中屢次強調：

「天水、隴西、北地、上郡與關中同俗，然西有羌中之利，北有戎翟之畜，畜牧為天下饒。」

「然地亦窮險，唯京師要其道。故關中之地，於天下三分之一，而人眾不過什三；然量其富，什居其六。」

「然邯鄲亦漳、河之間一都會也。北通燕、涿，南有鄭、衛。」

對於任何一種物業形態來說，交通都是很重要的，交通的好壞，關係到客流量的多寡，許多大型商場都盡量往市中心靠近，因為便利的交通會帶來強大的客流，而各人型商場的積極入駐也帶動了整個商圈的發展，進而大量引來了更多的客流。成熟的商圈租金會貴點，但經營的風險相對會小些，俗話說「一步差三市」，是以應該努力在人氣旺的地方經營。

【希爾頓飯店】

希爾頓飯店是世界有名的飯店，它以豪華著稱世界，它每進駐一個地方，都會對該地方的地理位置、人潮狀況、市場競爭等情況做認真的分析研究，對飯店的選址非常嚴格，它選擇的目標一定是要在當地的鬧市，希爾頓把這個標準叫做「Place And Place」法則，就是「立地分析」，強調選址經營的重要性。在現在國際旅遊者的眼裡，希爾頓飯店的品牌認知度雄居首位不是沒有道理的。

與此相反的例子也很多，曾經有一家鋼鐵公司，在成立時對選址的問題不重視，建在了沙質地上，而且是在郊區的上風帶，後來營運時發現，它佔的區位對城市的環境造成了相當大的污染，受到了當地居民的嚴重抗議，最後不得不重遷生產地，耗費了很大的成本。

如果與周邊著名的連鎖店或強勢品牌店的商家的商品沒有同質性，應該盡可能地「傍」在它們附近經營，不但可以節省選址的時間和精力，還能利用它們的品牌效應撈到客源，說不定還能與對方形成戰略合作夥伴。

【與飯店合作】

曼陀羅大飯店是美國當地繁華地段的一家有名的連鎖飯店，在飯店業務穩定發展後，有一家知名的ＳＰＡ館找到了曼陀羅大飯店的負責人談合作，看飯店能不能以低一點的價格出租一層樓給他們開ＳＰＡ館，因為他們沒有找到合適的地方開業，是以才想出了這個「嵌入式經營」的方法，當然他們以自己的品牌向飯店保證了服務的品質水準，曼陀羅大飯店最終答應了與ＳＰＡ館的合作，這樣一來，到飯店來的顧客就多了一種服務的選擇，顯出了曼陀羅飯店與其他飯店不同的優勢，而這家ＳＰＡ館的生意也因為飯店的穩定客源而經營得有聲有色。

這家ＳＰＡ館選擇這種合作方式，既解決了在鬧市中立足的問題，又不用擔心客源問題，的確是非常高明。平常我們所見到的諸如此類的例子也並不少，比如在大型百貨商場附近開有特色的飲品店，在名牌服裝旁邊開飾品、皮具店等情況。

商家對交通的考慮還不應該只局限於客流量。在快節奏的現代社會，衡量一個地方交通是否方便的標準已不僅僅是空間距離，因為交通工具的多樣化讓另一種衡量標準浮出了水面，那就是時間距離。

空間距離是傳統的靜態的物理衡量，比如消費者到達消費場所是多少公里；而時間距離是消費者到達消費場所所需要花多少時間，這個時間有時不僅是指店外的交通時間，還包括了店內的交通時間。

各商家的商品在品質、價格都趨同的情況下，購物是否便利對經營業績有決定性的作用，是以要站在消費者的立場，讓消費者感到便利。

【兩家購物店】

甲和乙是在一條黃金街上相對而開的兩家購物商店，都靠近公車站牌，也都有地下停車場，但乙店的生意總是不及甲的好，按理說在一條路上，車流、人潮都是一樣的，提供的商品也差不多，是什麼地方出了問題？乙店的老闆仔細考察了一下甲店後才恍然大悟，一是甲店不僅為消費者提供了汽車停車位，還在店後提供了免費的自行車停車位，有專人照看，而自己的店前沒有單車停車位，騎單車的消費者都是自己想辦法解決，這就流失了一部分顧客；二是甲店裡有一部電梯和一部手扶梯，能隨時分流顧客，還照顧到了殘障人士的行動，而自己的店裡是兩部電梯，顧客們經常擁擠地等待電梯的升落，有的一進店看到擁擠的電梯口就馬上打了退堂鼓，打消了逛店的想法。

這個故事表現了對消費者人性化的關懷，從消費者的角度來考慮交通便利，是以商家應該選擇令消費者的交通時間盡量節約，或者便於讓消費者停車的地方經營，這樣才會對銷售產生正面的幫助。

商業在選址過程中還要密切關注城市發展規劃，要符合發展規劃的要求，考慮到城市發展規劃的支持。有的地方也許在現在看來不好，但是經過城市改造發展後，就可能越來越好，這時候這個區域的價值就提升了。

【沃爾瑪選址】

沃爾瑪是世界零售業的老大，是國際知名的連鎖店，它是從一家鄉村雜貨店發展而來，現在店鋪已經開到了世界各地。在每開一個連鎖店前，它都會謹慎地對選址進行分析研究，它一貫都青睞城郊結合的地方，一來城郊結合地區的租金成本低；二來這裡的消費人群收入水準不算高，符合沃爾瑪服務大眾的定位；三來城郊結合區的交通沒有市內擁擠，方便物流配送，降低物流成本；四來城郊結合區的交通的拓展性大，便於客流來去，考慮到了汽車消費一族。

比如，沃爾瑪通常會沿著高速公路去選址，發現高速公路延伸到哪裡的城郊，就在那個出口的地方設店，這個地區可能暫時消費不旺，周邊配套還不完善，地價、房價都還低，但在市區土地和房屋稀缺後的幾年裡，城市的規劃就會向現在的城郊擴展開了，政府會支持把城郊建立成繁華的地區，那時土價和房價猛漲，其他的零售商想要進入，就必須花很大的代價才能搶得一席之地了。

是以，商業選址要考慮到交通成本，也要考慮到政府對城市發展的規劃，畢竟經營事業是一個長期的事業，眼光要放長遠一些，多瞭解該地區將來發展的情況。

銷售市場

【原文】

楊、平陽陳西賈秦、翟，北賈種、代。溫、軹西賈上黨，北賈趙、中山。

【語譯】

楊和平陽兩地的人，向西可到秦和戎狄地區經商，向北可到種、代地區經商。

溫、軹地區的人民向西可到上黨地區經商，向北可到趙、中山一帶經商。

【原文釋評】

商業選址還要注意靠近銷售市場，銷售市場需要考慮一個全方位的因素。地理、人口數量及其消費群體年齡和職業等客觀環境，還要注意社會文化環境、人們的價值觀和行為方式等軟環境。

商業選址過程中客流是選擇店面的重要考慮因素，商業中心就是消費者中心，因為從經濟上來看，商業中心必須滿足整個城市的消費市場的需求，爭取盡可能多的顧客，從成本效益來看，要爭取最大的聚集效益，最大限度地利用城市裡的各項基礎設施建設，是以要重視城市商業中心的人口分布形態。

【深河電器】

平樂社區是一個城市造鎮的大社區，深河電器一個業務員曾經寫過報告，建議總部在社區裡開一個連鎖賣場，他說深河電器的品牌形象很好，電器又是社區裡每個家庭的必需品，人們如果不走遠就能買到實用的電器是一件省時省力的事，是以可以嘗試開闢社區市場。

不久，總部有了回覆，讚賞了這個業務員提建議的積極，但否定了他的建議，原因是社區裡的人口多是沒錯，但是裡面的人口只是對日用品的需求大，而電器更新換代的週期較長，是以人們對家電那樣耐用品的需求並不頻繁，而且社區的容量是一定的，平樂社區既然是一個成熟的社區，它裡面的配套設施也已經是比較完善的了，社區人家對電器的擁有量也基本上飽和了，別的地方的人也不會專程跑到這個社區裡來買電器，是以也就沒必要專門在社區裡設一個電器賣場了。

深河電器總部的話不無道理，清楚分析了自己商品的特點，又分析了人口分布形態，認識到該把專業化專場設在商業比較集中的地方，這樣有針對性的客流量才比較大，實際的需求才多。

【小彭遷店】

小彭在加拿大留學時就很喜歡歐式風格的東西，特別是覺得歐式的家具很講究溫情和特色，回國後他研究了一下市場，雖然市場上賣家具的店很多，但是有特色的店並不多，特別是那種又實用又有情調的歐式家具，他覺得這是一個市場的機會，同時他覺得這個城市的人口流動頻繁，外來人口多，接受新事物的能力較強，教育文化程度和消費水準普遍也比其他地區高，如果把家具重點放在歐式風格上，人們肯定喜歡。

於是，他開始選址開店。小彭最後選中了城市廣場附近的一個店面，該店面周圍人氣也很旺，而且沒有競爭對手，店面租金比市中心便宜了很多。

但是幾個月後，小彭的店經營不下去了，因為城市廣場那裡客流量是很大，但一般來逛的年輕人都是為了買衣服、飾品的小東西，而不是靜下心來仔細欣賞挑選家具的，而年長的人一般也不會打算在廣場中，這個鶴立雞群的唯一一個家具店裡買家具，是以就造成了進店的人多，下單的卻沒有幾個的尷尬現象。

後來，小彭把店遷到了市中心成熟商圈中一條繁華十字路口的地段，這裡車流和人潮流量大，店鋪集中，辦公大樓的白領多，他覺得一定能吸引來不少有文化、注重品位的顧客，果然，有興趣而且有經濟實力的白領們，很快就被這家特別的家具店吸引了。

選擇特色商品銷售的思路是正確的，突出了自己商品的與眾不同，選擇鬧市經營的想法也是對的，有人的地方才有市場，但是一定要弄清這個市場是誰的市場，自己的目標群體是否在這裡，自己的商品是不是符合他們的品味，他們是不是有足夠的消費能力等相關問題，這樣才能避免像小彭那樣走彎路。

古時候的司馬遷就已經發現了，經濟的發展離不開對地理環境的正確認識，他認識到了地理環境對經濟的發展有很強的制約性，提出了經濟發展與地理環境相適應的論斷，這對我們今天準確把握地理環境，合理制定經濟策略，因地制宜地促進企業經濟健康協調的發展有積極的指導意義。

逐利之道——智，勇，仁，強

【原文】

「吾治生產，猶伊尹、呂尚之謀，孫吳用兵，商鞅行法是也。是故其智不足與權變，勇不足以決斷，仁不能以取予，強不能有所守，雖欲學吾術，終不告之矣。」

【語譯】

「我做經商致富之事，就像是商朝的開國宰相伊尹和周朝的開國宰相姜太公在籌畫謀略一樣；像著名的軍事家孫子和吳起用兵一樣；像秦國的改革家商鞅推行變法那樣。是以，如果一個人智慧不能夠隨機應變，勇氣不能夠果敢決斷，仁德不能夠正確取捨，意志不能有所堅守，即使他想向我學習經商致富之術，我是怎麼都不會教給他的。」

【原文釋評】

司馬遷在說了人們追求致富的合理性之後，就開始著重談怎樣致富了。商場如戰場，他整理出了商業活動的若干規律和方法，他透過白圭說的這段話，提出了一個成功商人必須具備的幾個基本的素質：智、勇、仁、強。智：重視智慧，勤於思考，善於發揮自己才智，懂得隨機應變，用奇巧取勝，所謂「夫纖嗇之力，治生之正道也。而富者必用奇勝」；勇：指出經商要果敢決斷、有預見性，「貴出取賤」，「擇人任時」；仁：開源節流，講誠信，善於施捨，求「末富」，不要不義之財；強：要有不斷進取，堅忍不拔的品性，不屈不撓地克服困境。

隨機應變，智者生存

邱吉爾說「未來的帝國將是頭腦的帝國」。知識就是力量，怎樣把智慧正確地運用到公司企業集團管理之中，使之轉化為力量是一個非常重要的問題。而管理者需要運用自己的智慧合理地管理和利用資源，使之發揮能量為企業所用。

在猶太人眼裡，知識和金錢是成正比的，沒有知識的商人不是真正的商人，只有豐富的閱歷和廣博的業務知識，在生意場上才能少走彎路少犯錯誤，這是能賺錢的根本保證，是商人的基本素質。猶太商人全都是學識淵博頭腦靈敏，他們大多非常健談、滔滔不絕，其淵博的知識會讓人大為驚愕。正因如此，他們才具有高智商的頭腦，才在生意場中永立不敗之地，成為公認的「世界第一商人」。

【猶太商的問題】

一個做鑽石生意的猶太人正與他的合作夥伴談生意，突然猶太人問了對方一個問題：「你知不知道大西洋底部的魚類有哪些啊？」對方一聽，愣住了，感到莫名其妙，談鑽石生意和大西洋底部的魚類沒有什麼關係啊，怎麼問這樣一個風牛馬不相及的問題？但猶太人卻有自己的想法：鑽石商人就需要一個精明的頭腦，如果一個人連大西洋有哪些魚類都瞭若指掌，可見他對鑽石的業務知識也一樣的很熟悉，對巨細俱全的鑽石種類的分析肯定也是全面中肯的，和這樣的人合作才能賺大錢。

這也從一個方面表現了猶太人的精明之處。

生意的成功，很多時候在於是否能夠掌握良機，隨機應變。平時，就要選擇適當的時機，調查顧客需求，這樣在銷售中的工作就方便多了。商場不是遊樂場，顧客不會無緣無故地進店。一旦進店，即意味著可能成交一筆買賣。有些顧客看上去是在閒逛，漫無目標。也許他真的不想買什麼東西，只是看看而已；也許他性格如此，雖看上了某件商品卻顯得不慌不忙。不管怎樣，商家一定要耐心等待，待機行事，偶爾恰到好處地提示幾句，也許這筆買賣就成交了。而另外一些顧客匆匆進店來直衝某個櫃檯而去，指定要看某件商品，而其他商品都不看，這類人要麼有急事要辦，要麼性格急躁。無論怎樣，商家唯一要做的，就是迅速滿足他的要求，買賣也極易成交。倘若愛理不理，煮熟的鴨子也可能會飛走的。

商場裡見機行事、隨機應變是一門大學問。男顧客和女顧客不一樣，老人小孩又不相同；每個人有不同的愛好，每個人也有不同的盤算；有人愛耍派頭，有人大智若愚，看上去木訥卻工於心計，如此等等。站一段時間櫃檯，來往顧客五花八門，什麼樣的人都有。有經驗有見識的老闆和店員，對什麼人都有不同的辦法，生意自然也就興旺了。另一些老闆和店員，什麼人在他眼裡都是一樣的。如此生動多姿的面孔，卻被他看成是一張面孔，何從談得上隨機應變，生意自然也就好不了。

【喬治的絕招】

喬治是一個優秀的電器業務員，不論是淡季旺季，他店裡的生意都很好，有人問他有沒有什麼絕招，他說沒有，只是不論是去顧客家送貨還是維修，事情辦妥後，他都沒有立刻扭頭就走，而是會再順便看看顧客家裡的其他電器用品是否有毛病，如果是小毛病，他就順便再做一點簡單的服務，如果是大毛病，他也不會大力推薦客戶馬上更換，只留下一張他店裡的產品廣告，說明他的店裡能提供的全新商品的清單，這樣就培養了顧客對他的信賴感。另外，到客戶家安裝冷氣時，他在安裝過程中一直都是親切、仔細的態度，也會把握時機問問客戶，是否有認識的親戚朋友要買冷氣。如果客戶對他有好感，又有這個方面的資訊，就會把生意直接介紹給他。

機會對每個人都是公平的，不存在厚此薄彼的問題，關鍵是一個人面對機會究竟能不能真正把握住。雖然時機是一種不以人意志為轉移的客觀因素，有一定的神秘性，但也不是無法捉摸和預料的。聽明的人，總是一方面從事手頭的工作，一方面注意捕捉取得突破和成功的時機，時機沒有成熟的時候，就積蓄力量或者尋找出路，一旦時機成熟就順應形勢或潮流，促成自己的事業達到高潮。

勇猛精進，勇者無拒

辭典上有「大智大勇」、「勇敢機智」、「智勇雙全」這樣的成語，「勇」彷彿天生就要與「智」連在一起。**美國地產大王唐納・川普有一句精闢的話：「有許多人會有很好的主意，但是似乎總是缺少足夠的勇氣將它們變成現實，對於這些人來說，這就是他們人生的悲劇。」**這就說明了智和勇之間存在的矛盾性。要成功一件事，不但要有智慧的謀劃，還要有勇敢的決斷。人們在確定了一件事情之後，還需要花大力氣去實行，要有「壯士一去兮不復還」的那種勇往直前的氣概，這樣才能把事情做好。「思想的巨人，行動的矮子」是不能成功的。

「在別人不敢去的地方，才能找到最美的鑽石」，高風險才意味著高回報，只有敢於冒險的人，才會贏得成功的輝煌。而且，那種面臨風險、審慎前進的人生體驗可以練就過人的膽識，這是寶貴的精神財富，抱著樂觀從容的風險意識知難而進、逆流而上，往往會贏得出人意料的成功。

在商品經濟條件下，商人面對優勝劣汰這個殘酷的市場法則，全得靠自己的智慧和才能進行奮鬥。經營的道路是荊棘叢生的，瞬息萬變的市場供給和需求、紛繁複雜的社會、經濟、政治和文化生活、加速發展的科學技術等，使得任何一項經營決策都受到客觀環境「不確定性」的影響，都有一定的風險性，需要在風險中尋找機會。

有一位房地產開發商投資屢屢成功，有人問他秘訣，他說其實沒什麼特別的，只是自己敢於冒險，不輕易隨著潮流走而已。在選擇投資項目的時候，如果其他人都認為可行，他就會好好考慮，因為別人都能看到的不一定是有價值的好機會；如果其他人都認為這個項目不可行，他會好好研究一下，如果發現了機會，這個機會就是極為有價值的，值得去冒險。

「人無我有，人有我優」這句商場至理名言的前半句，正講述著這個道理。

【維珍集團】

布蘭森就是這樣一個勇士，他熱愛冒險，曾有駕駛跑車穿越英吉利海峽的冒險經歷，他不但生活上喜歡冒險，在事業上他也喜歡挑戰，二十世紀八〇年代，布蘭森孤注一擲，把所有的錢投資成立航空公司，與當時大名鼎鼎的英航競爭，到今天，那家當初靠租用客機營生的維珍大西洋航空公司已經成為世界第三大航空公司。九〇年代時維珍集團又介入飲料業，在可口可樂、百事可樂幾乎壟斷了全球市場的情況下，成功推出了維珍可樂、維珍果汁，在飲料市場上爭得了一席之地。對此，布蘭森有他獨特的見解，他認為維珍品牌成功的訣竅之就是超越自己，不斷向大品牌挑戰。

不要以為嘗試新事物就會威脅到你的安全，對於更遠的發展來說，冒險是通向強者的必由之路。在很多情況下，強者能成為強者，就是因為他們敢為別人所不敢為，透過黑暗，看到光明。

取財有道，仁者無敵

「君子愛財，取之有道」，要以不損害其他人、不損害社會為前提，以正當勞動的方式獲取財富。

【賣蘋果】

有一個小販到市集上賣蘋果，因為長途顛簸，有部分蘋果已經撞傷了，是以許多人走過他的攤前看了看後，都會搖搖頭走開。煩惱之中，他腦子一動，彎下身子把蘋果觀察了一番，把好的分成一堆，壞的分成一堆，然後叫賣：「賣蘋果，我有最好的蘋果，口味佳，也有撞傷了的蘋果，價格不同，絕對公道，任大家挑選！」

沒叫賣幾下，小販的蘋果攤位就被人群包圍了。好蘋果被賣得一個不剩了，壞蘋果也銷出了大半。

從商就要堅守誠信，如果自己的商品有缺陷，就要高聲宣布出來，如果不宣布出來，顧客選到了不好的商品，就會認為你是存心隱瞞、欺騙；如果自己的商品是市場上最好的，也可以大聲宣布出來，自信而高調地說「我是最好的！」

對於一個人來說，過多的財富是沒有多少用的，除非你是為了社會在創造財富，並把多餘的財富貢獻給了社會。只有那些不僅僅為自己謀得利益，同時慷慨回饋社會的人，才能真正實現自我的價值，得到社會的認可。

【富翁富勒】

美國人富勒一直在為他的夢想奮鬥，從零開始，直到累積了大量的財富和資產。當他已賺到了百萬美元時，他雄心勃勃想成為千萬富翁，更加辛苦的工作，他的財富在不斷增加，但他卻忽視了自己的身體健康，也疏遠了家庭。一天，富勒心臟病突發，而他的妻子在這之前剛剛宣布打算離開他。他開始意識到，自己對財富的追求已經讓他失去了自己所真正珍惜的東西。

後來，他賣掉了所有的資產，把所得收入捐給了教堂、學校和慈善機構，朋友們都認為他瘋了，但他不後悔，接著他開始投身於一項偉大的事業——為世界上無家可歸的貧民修建「人類家園」，決心讓每個困乏的人，都至少有一個簡單體面並且在經濟上能承受的地方休息。美國前總統卡特夫婦也熱情地支持他，穿上工作服來為「人類家園」做義工。目前，人類家園已在全世界建造了六萬多套房子，為超過三十萬人提供了住房，他自認為是世界上最富有的人。

俗話說「為富不仁」，提到富，總讓人覺得「富」和「仁」是很難在一個人身上共存的。其實這種想法是偏見，真正的大富人反而是和藹仁厚的，贏得財富後又樂善好施，進而又贏得了人心。

鬥志昂揚，強者自強

人生總有迂迴曲折，在這些轉折關頭，如何去看待，進而如何去應付，就全看一個人的品性了。有人把它當作一種「挑戰」，堅強起來，冷靜面對，把它視為僅是一時的退卻或應該克服的考驗；有人把它當成是時運不濟、危機、災難……甘心承認失敗。

愛默生說：「偉大而高貴人物的最明顯象徵，就是堅忍不拔的意志，不管環境如何惡劣，他的初衷與希望不會有絲毫的改變，並且最終會克服阻礙，達到自己企望的目的。」

跌倒以後，立刻站起來，向失敗奪取勝利，這是自古以來偉大人物的成功秘訣。

【克萊斯勒起死回生】

一九七九年號稱「美國三大汽車公司」之一的克萊斯勒汽車公司，虧損十一億美元，欠了四十八億的債務，已經面臨倒閉，李・艾柯卡臨危受命，全權擔當起復興公司的重任。艾柯卡沒有被困難嚇倒，決心努力整頓公司，他透過細緻的調查、分析，得知了公司連年虧損的原因在於員工過多，薪資過高，但他們所創造的價值卻少得可憐。於是他開源節流，精簡人員，調整公司的生產規模，經過四年精心的經營，不但讓奄奄一息的公司起死回生，還讓公司提前七年還清了政府貸款，到第五年，公司還獲利上億美元。

世界上每個事物都是在隨時隨地不斷變化的，我們每天都可能面臨改變，新的產品和新服務不斷上市、新科技不斷被引進、新的任務被交付，新的員工、新的老闆……這些改變，也許微小，也許劇烈。但每一次的改變，都需要我們調整心情重新適應。人生在世，要堅持不懈地超越自己，才會有新的智慧和洞察力產生，不斷進取，探索新領域，往往會有許多新的創見。

【紐曼的轉型】

保羅・紐曼出生在美國，他的父親是一位小商人。紐曼大學畢業後，留在父親的商店工作。他喜歡表演，本來做一個老闆，他也可能成功，可他不滿足於這種生活。於是，在不解和懷疑的目光中，他毅然賣掉了雜貨店，專心投身到了演藝圈。他飾演了許多影片，曾五次被提名為奧斯卡金像獎最佳男主角，到他六十歲時，終於在第六次提名時，榮獲了奧斯卡最佳男主角，同時，他還是出色的導演。紐曼在電影上的成就，為他贏得了名聲和財富，他成了一位富有的電影人。

但是，紐曼的自我超越還沒有完，一個偶然的機會使他接觸到了一種新的食品，是拌麵條用的醬汁，味道非常好。曾經做過商人的紐曼看到了其中蘊藏的商機。於是投資數十萬美元開發這種食品，並成立了食品公司，就這樣，他又從藝人跨越成了企業家，後來他還被譽為美國的「食品大王」。

從商人到天王巨星，再從天皇王星到企業家，紐曼走的道路告訴我們，只有不斷超越自我，不斷讓自己在新的生活和環境中迎接挑戰，才能讓生命保持不滅的創造力，才能最大限度地發掘自己的潛力，贏得更大的成功。

第三章

千金之子，不死於市——富的例子

計然之說——知鬥則修備，時用則知物的謀者

經商之奇才，治世之能臣

在封建社會中，財富所有者，主要是封建地主階級，包括皇室、公侯、貴族、官吏以及擁有大片土地的普通人，這就是董仲舒所指的「邑有人君之尊，里有公侯之富」。他們透過經濟的和超經濟的剝削與掠奪，形成了巨大的私人財富。例如：「梁孝王未死時，財以萬巨計，不可勝數。及死，藏府餘黃金，尚四十餘萬斤，他財物稱是。」灌夫「家累數千萬，食客日數十百人，陂池田原，宗族賓客為權利，橫於潁川。」梁冀「收冀財貨，縣官斥賣，合三十餘萬，以充王府，用減天下稅租之半。」司馬遷說「諺曰：『千金之子，不死於市』，此非空言也」，家有千金財富的人，不會因為犯法而受刑死在鬧市，豐衣足食了才能隨心所欲的做自己想做的事，是以每個人都要逐利。

在中國長期的封建社會內，漢代是商品生產和貨幣經濟有了大量發展的時期。商業的發展，給私人財富的形成開闢了一條新的途徑。「貨殖」二字譯成現在的語言，就是由商品生產和商業經營來增殖資本——財富，包括了農業、手工業、漁業、牧業、礦業、冶煉業等行業的經營。

《貨殖列傳》對此從理論上和實際上做了系統的論述，並詳細列舉了那些富商大賈致富成功的經歷，所寫的人物上至春秋，下至漢代。他們或逐魚鹽商賈之利；或以販賣起家；或以賣漿致富；或者「子貸金錢」，坐享厚利；或世擅「丹穴」，「田池射獵之樂，擬於人君」，都是靠「與時俯仰，獲其贏利，以末致富」，都是「大者傾郡，中者傾縣，下者傾鄉里」，達到了「素封」，雖不是君王卻能享受與君王一樣的待遇，也就是無冕之王，像這樣的「素封」之家，還多得「不可勝數」，司馬遷不厭其煩地列舉出這些例子，揭示出他們致富的原因，供世人參考。

【原文】

昔者越王句踐困於會稽之上，乃用范蠡、計然。計然曰：「知鬥則修備，時用則知物，索隱時用知物。案：言知時所用之物。二者形則萬貨之情可得而觀已。故歲在金，穰；水，毀；木，饑；火，旱。旱則資舟，水則資車，物之理也。六歲穰，六歲旱，十二歲一大饑。夫糶，二十病農，九十病末。末謂逐末，即商賈也。末病則財不出，農病則草不辟矣。上不過八十，下不減三十，則農末俱利，平糶齊物，關市不乏，治國之道也。積著之理，務完物，無息幣。以物相貿易，腐敗而食之貨勿留，無敢居貴。論其有餘不足，則知貴賤。貴上極則反賤，賤下極則反貴。貴出如糞土，賤取如珠玉。財幣欲其行如流水。」修之十年，國富，厚賂戰士，士赴矢石，如渴得飲，遂報彊吳，觀兵中國，稱號「五霸」。

【語譯】

從前，越王勾踐被吳王夫差圍困在會稽山上，於是任用范蠡、計然。計然說：「知道要打仗，就要做好備戰工作；瞭解貨物什麼時候會讓人有所需求並購用，這才算懂得什麼是商品貨物。掌握了『時』與『用』二者的規律，各種貨物的供需行情就可以看得很清楚。是以，太歲在金位時，就會豐收；太歲在水位時，就會歉收；太歲在木位時，就會發生災荒；太歲在火位時，就會發生旱災。旱災時，就要備船用來應付水災；水災時，就要備車用來應付旱災，這樣做就符合事物發展變化的規律。一般說來，每六年一次豐收，每六年一次乾旱，每十二年有一次大饑荒。出售糧食的情況是，每斗價格二十錢，農民的收益會受損害；每斗價格九十錢，則商人要受損失。商人受損失，錢財就不能流通到社會；農民受損害，田地就會荒蕪。糧價每斗價格最高不超過八十錢，最低不少於三十錢，農民和商人都能得利。糧食平價出售，其他物價得到平抑調整，關卡稅收和市場供應都不缺乏，這是治國之道。至於積貯貨物，應該是務求完好、牢靠的高品質之物，沒有積滯不流的貨幣資金，買賣貨物時，凡屬容易腐敗和腐蝕的物品不要久藏，不要冒險囤居以待漲價。研究商品過剩或短缺的情況，就會懂得物價漲跌的道理。貨物貴到極點，就會返歸於賤；物價賤到極點，就會返歸於貴。當貨物貴到極點時，要及時賣出，視同糞土而不惜；當貨物賤到極點時，要及時購進，視同珠玉而惜之。要使貨物錢幣的周轉如同流水那樣。」

勾踐照計然的策略治國十年，越國富起來了，能用重金去收買士兵，使士兵們衝鋒陷陣，不顧箭射石擊，就像口渴時求得了飲水似的，最後終於報仇雪恥，消滅了強大的吳國，繼而耀武揚威於中原，號稱「五霸」之一。

【原文釋評】

「待乏原則」已經告訴我們，「人棄我取，人取我予」，在商品有餘、價格低廉時購買，而到商品缺乏，價格昂貴時售賣。一切貨物之價格，由貨物數量與貨幣數量之比例決定之。貨物數量或貨幣數量發生重大變化，一切貨物價格即有漲跌。就是說貨物量增加，價格下落；貨幣量增加，價格騰貴。反之，貨物量減少，價格騰貴；貨幣量減少，價格下落。但當貨物騰貴時，人們群起向這種貨物投資，賣者間的競爭激烈起來，賣者多後，社會上需要這種貨物者並不因之增加，是以貨物的價格必下跌。反之，由於價格下跌，經營者見無利可圖，又不得不紛紛改業，於是賣者既少，而社會上之需要則仍舊未變。是以，又產生供不應求的現象，其價格又必因之上漲。所謂「貴上極則反賤，賤下極則反貴」的意義就是如此。

先秦大商理論家計然認為，貴上極則反賤，賤下極則反貴，主張貴出如糞土，賤取如珠玉。司馬遷也說過「貪買三元，廉買五元」，就是說貪圖重利的商人只能獲利三〇％，而薄利多銷的商人卻可獲利五〇％。為什麼單個商品的利潤減少，但是整體利潤卻更多？因為巨大的銷量使資金流動得更快，就如同雞生蛋、蛋生雞的不斷循環，在資本不斷的增長之中，獲利當然也就越來越高。

從事商業之人瞭解了貨物價格貴賤的規律，就可以想出應付的方法。最好的方法，就是要把眼光放亮一些，手段放靈活一些，時時刻刻觀察市場情況。看到物價上漲到了一定程度時，就應該馬上出售，把它看成糞土一樣，不要愛惜。看到物價下落到一定程度時，就應該馬上買進，把它看成珠玉一樣寶貴，不要錯過機會。

【茶葉的學問】

茶葉是時令產品，雖是長年需求，但是供應集中，每年穀雨時節前後往往是供貨最集中的時候，在這種原料供應集中的條件下，誰能掌握供求規律，誰就能在市場立足，茶行老闆小南就是其中的一個能人，他懂得避其鋒芒，在採摘茶葉的時候，如果前來採購的商人多，產地的茶價迅速上漲，小南就少買或者不買，待茶價平穩下來，他就盡量多買。小南深諳居奇等乏的道理，但卻不盲目積壓，他十分注重茶葉的品質，也憑多年的經營經驗，盡量以銷售來定產量。

有一段時間，市場上後發酵的黑茶銷售很旺，讓很多不喝茶的人也逐漸開始買茶來喝。小南就由此推斷，發酵程度大於八〇%的全發酵紅茶的價格可能也會在今後大漲，於是再仔細憑經驗分析了一下市場未來對紅茶的需求量後，就趁機收購一定量的紅茶，囤積等待高價，另有一家茶行老闆小韓也領悟到了這個規律，但他太貪心，傾囊收購，希望能一次賺翻天。價格反彈高攀都被他倆料中了，但當小南的貨高價銷完了的時候，小韓已經在為清倉不及而後悔了，因為誰都知道接下來會遇到賤賣的困境，應了俗話說的「新茶到在先，捧得高似天，若賣遲一步，丟在半山邊」。

商人長期在市場中奮鬥，要隨時注意市場行情的變化，在做經營決策之前要根據當前的市場變化，推測判斷未來的市場情況，然後制定相應的策略去購貨、銷貨，這才能真正的掌握經營的主動權，實現利潤最大化。

范蠡——出將入相的商人

【原文】

范蠡既雪會稽之恥，乃喟然而歎曰：「計然之策七，越用其五而得意。既已施於國，吾欲用之家。」乃乘扁舟浮於江湖，變名易姓，適齊為鴟夷子皮，之陶為朱公。朱公以為陶天下之中，諸侯四通，貨物所交易也。乃治產積居。與時逐而不責於人。故善治生者，能擇人而任時。十九年之中三致千金，再分散與貧交疏昆弟。此所謂富好行其德者也。後年衰老而聽子孫，子孫脩業而息之，遂至巨萬。故言富者皆稱陶朱公。

【語譯】

范蠡在協助勾踐洗雪了會稽之恥之後，歎息地說：「計然的策略有七條，越國只用了其中的五條就實現了血恥的願望，既然施用於治國很有效，我把它用在治家上試試。」於是，他就向越王告辭，乘著小船漂泊江湖，改名換姓。到齊國時改名叫「鴟夷子皮」，到了陶邑時改名叫「朱公」，他認為陶邑居於天下的中心，與各地諸侯國四通八達，交易流通貨物很方便，於是就在這地方治理產業，囤積居奇，隨機應變，與時逐利，而不去求他人的幫助。是以，善於經營致富的人，要能擇用賢人，並且把握時機。十九年期間，他三次賺得千金之財，兩次將資財散發給貧窮的朋友和遠房同姓的兄弟，這就是所謂君子富有，就喜好去做仁德之事。後來，范蠡年老力衰，就把生意交給子孫去做了，子孫繼承了他的事業，並且有所發展，最後擁有了巨額家財。是以後世在談論富人的時候，都要稱頌陶朱公。

【原文釋評】

范蠡在政治上幫助越王勾踐從一個亡國之君，成為春秋時代的最後一位霸主，居官為卿相，一人之下萬人之上，他功成身退後，跑去了別人都不看好的陶邑這個地方做生意，由於地形得當，與時逐利，他富甲天下，在經濟上也成了一個成功人士。他還寫了一部致富奇書——《計然篇》總結了致富經。

范蠡的致富過程可以用「天時、地利、人和俱全」來形容。在天時上，他頭腦靈活，懂得與時逐利；在地利上，他很好地選擇了商業經營的地點，擇地生財；在人和上，他懂得把握時機擇用賢能。三個方面他都做得很好，當然贏得巨萬財產。

所謂「見端知末，預測生財」，正確判斷時機對商人做生意來說很重要，只有看準機會進入市場，與時逐利，才能佔得先機。只要擁有這種獨到的眼光和果敢的膽識，就會找到你的生財之路。

【船王的眼光】

一九二九年的時候，全球發生了經濟危機，生產過剩造成了物價大幅下跌，人們驚慌失措，大量拋售物品，有一個人卻始終保持清醒的頭腦，經過認真分析，他認為生產過剩造成物價暴跌只是暫時的情況，因為世界要發展肯定還是離不開各種生活必需品的，市場會從衰退中恢復元氣。就在這時，他知道了一個資訊：加拿大國營鐵路公司瀕臨破產，有六艘貨船急於拍賣，以前每艘二百萬元的船，現在由於企業的經濟問題僅賣二萬元。

聽到這個消息，他欣喜若狂，迅速趕到加拿大把六艘船全部買了下來，這在當時蕭條的經濟環境中簡直成了一個大笑話，有人為他擔心，有人對他嘲笑，但是這位買主卻不為所動，信心滿滿，相信自己的判斷。十年以後第二次世界大戰爆發了，水上運輸工具成了運輸軍用物資的珍貴品，當年買下那六艘貨船的人，投身到了火熱的航運事業中，而躋身於航海巨頭之列，他就是著名的船王歐那西斯。

商人就要懂得把握機會，搶佔先機，隨機應變，想別人未能想，做別人不敢做，也許在這個過程中會有質疑的聲音，但這只是因為他們看不到或者不敢做。

地利

正確選擇店址，是開店賺錢的首要任務，商業地產有一句名言：「成功的第一條件是選址，第二條件還是選址。」不論是何種經營形態，選址都是很重要的，深深影響著企業經濟效益，若選錯了店址，小則生意不興，大則關門倒閉。

【麥當勞選址】

麥當勞開店就很重視地理位置的選擇，它在中國大陸的第一家麥當勞店就開在北京王府井百貨商城的入口處，就是看中王府井百貨身處的繁華地段和大量客流，於是就「傍」在王府井身邊，爭取顧客。現在，它的一個分店又成了第一個進駐中國大陸雙流機場的速食店，這也是經過仔細分析做出的決定，因為機場客流不斷，但是機場裡不論是中餐館還是西餐館的價格都不菲，消費能力好一點的人會忍痛消費一下，消費能力差的人只能吃簡單的泡麵。在這一高一低之間，麥當勞發現了市場縫隙，於是勇敢進駐，定位在機場的中等消費水準。在這裡，麥當勞還是提供一樣的餐品、一樣的服務，只是在高租金的成本下，把每個餐品的價格提高一點，但相比而言，這個消費水準在機場消費中還是可以讓大眾接受，它的餐品也都能適合大多數國家旅客的口味，能滿足旅客們在旅行當中必不可少的充饑之需。

簡單地說，正確選址會因為獲得地利而生意興隆，還是一句話，「知地取勝，擇地生財」，要仔細分析擬選地點的政治、經濟、文化、治安等因素，慎重地選擇好經營的地點，為長期的經營發展找好地理環境。

人和

企業最大的資源是人才，有了各種人才的集思廣益和出謀劃策，才能將企業推向發展之路，要像范蠡一樣擇人任時、不苛責於人，要懷仁義之心樂善好施，因為所有財富的創造都是來自於人才，追根究底來說人才是最大的財富。

【善待人的惠普】

惠普公司善待人才的口碑是名不虛傳的，就連對待被裁的員工也是盡量做到仁至義盡：公司會搜集、記錄被裁員工的意見和建議，回饋到上面的決策委員會；會請心理諮詢師來安撫被裁員工的情緒，以及請來獵頭公司提供行業人才供求資訊；被裁員工會得到一個月的假期去找工作，而且在惠普公司的薪水照拿；除此之外，還會領到一筆獎金，還可能會得到期權；公司會給被裁員工舉辦歡送晚會；被裁員工以後仍然能來惠普公司參加應徵……

惠普公司的這些工作都是在肯定員工們的才能，哪怕員工現在要離開公司，仍然會讓他們對自己的才能有信心，讓他們帶著笑容離去，高度表現出人性化的待遇。善待別人就是善待自己，善待員工就是善待企業自己，當員工們都心服口服地認同企業時，企業也就實現了強大的凝聚。

子貢——跨國財團的鉅子

【原文】

子贛既學於仲尼，退而仕於衛，廢著鬻財於曹、魯之間，七十子之徒，賜最為饒益。原憲不厭糟，匿於窮巷。子貢結駟連騎，束帛之幣以聘享諸侯，所至，國君無不分庭與之抗禮。夫使孔子名布揚於天下者，子貢先後之也。此所謂得埶而益彰者乎？

【語譯】

子貢曾經在孔子那裡學習，離開後到衛國做官，又利用買賤賣貴的方法在曹國和魯國之間經商。孔子七十多個高徒之中，子貢最為富有。孔子的另一位高徒原憲卻窮得連糟糠都吃不飽，棲身在簡陋的小巷子裡。子貢卻乘坐四馬並駕齊驅拉著的車子，帶著束帛厚禮去訪問、饋贈諸侯，所到之處，國君與他只行賓主之禮，而不行君臣之禮。孔子得以名揚天下的原因之一，就是由於有子貢在人前人後幫助他。這就是所謂得到形勢之助而使名聲更加顯著吧？

【原文釋評】

子貢在理財經商上有卓越的天賦，《論語・先進》上記載著孔子對他的評價：「**回也其庶乎，屢空。賜不受命，而貨殖焉，臆則屢中。**」這是說子貢善於準確地判定市場行情。他從事貨物販賣以謀利，是靠著敏銳的眼光捕捉商機，堅持人棄我取、賤買貴賣的經營策略。子貢可以說是中國歷史上最早的儒、官一體的儒商，在當時商業在社會上地位還很低的時候，他是勇於經商且成功的典範。天下熙熙攘攘的人都是趨利的，君王也不例外，面對子貢的拜見，君主們也以禮相待，而且是高規格的賓主禮儀，而與此相反的，另一個孔子的弟子生活狀況卻很是糟糕。是以在某方面來說錢是萬能的，有了財富才有能力樂施，也才會受人尊敬，具有巨大的影響力。

人的生存要依靠利益所得，是以人要「趨利」，企業的生存也要靠利益所得，也就是利潤，是以企業也要「趨利」。利潤是企業生存的前提，是評判企業效益的首要標準，不盈利的企業絕對不會有活力，更別說有前進的動力，隨時隨地都有退出市場競爭、無法生存的危險。

【勞斯萊斯被兼併】

英國著名的勞斯萊斯是汽車產品中高貴品質的象徵，它的性能可靠，品質超群，品質無可挑剔。為了讓這個品牌汽車更平民化，勞斯萊斯公司大力支持賓利品牌，將自己的研發工作與賓利的捆綁在一起，而後來，利潤變得微弱的勞斯萊斯公司卻沒了足夠的資金來投資來開發自己的新車型，再到後來就因為效益不佳而被德國寶馬公司兼併到旗下……

企業每時每刻的運行都需要源源不斷的投入，如果它的產出不能彌補投入的成本而有盈餘，它就不可能循環發展下去，員工們也無法在一個沒有效益、沒有薪資福利的企業裡安心工作下去，企業也就無法生存了。是以企業必須牢牢盯住效益，因為任何低效益的企業，都是不能夠在市場上發展下去的。

白圭——樂觀時變的智人

【原文】

白圭，周人也。當魏文侯時，李克務盡地力，而白圭樂觀時變，故人棄我取，人取我與。夫歲孰取穀，予之絲漆；繭出取帛絮，予以食。太陰在卯，穰；明歲衰惡。至午，旱；明歲美。至酉，穰；明歲衰惡。至子，大旱；明歲美，有水。至卯，積著率歲倍。欲長錢，取下穀；長石斗，取上種。能薄飲食，忍嗜欲，節衣服，與用事僮僕同苦樂，趨時若猛獸摯鳥之發。故曰：「吾治生產，猶伊尹、呂尚之謀，孫吳用兵，商鞅行法是也。是故其智不足與權變，勇不足以決斷，仁不能以取予，彊不能有所守，雖欲學吾術，終不告之矣。」蓋天下言治生祖白圭。白圭其有所試矣，能試有所長，非苟而已也。

【語譯】

白圭是西周人。當魏文侯在位時，李克正致力於開發土地資源，而白圭卻喜歡觀察市場行情和年景豐歉的變化，是以當貨物過剩低價拋售時，他就收購；當貨物不足高價索求時，他就出售。穀物成熟時，他買進糧食，出售絲、漆；蠶繭結成時，他買進絹帛棉絮，出售糧食。他瞭解，太歲在卯位時，五穀豐收，第二年年景會不好；太歲在午宮時，就會發生旱災，第二年年景會很好；太歲在酉位時，五穀豐收，第二年年景會變壞。太歲在子位時，天下會大旱，第二年年景會很好，有雨水。當太歲再度回到卯位時，他囤積的貨物大致比以前要增加一倍。要增長錢財收入，他就收購質次的穀物；要增長穀子石斗的容量，他就去買上等的穀物。他能不講究吃喝，控制嗜好，節省穿戴，與雇用的奴僕同甘共苦，捕捉賺錢的時機就像猛獸、猛禽捕捉食物那樣迅捷。是以他說：「我做經商致富之事，就像伊尹、呂尚籌畫謀略，孫子、吳起用兵打仗，商鞅推行變法那樣。是以，如果一個人的智慧夠不上隨機應變，勇氣夠不上果敢決斷，仁德不能夠正確取捨，強健不能夠有所堅守，就算他想學習我的經商致富之術，我終究是不會教給他的。」因而，天下人談論經商致富之道都效法白圭。白圭敢於進行嘗試，嘗試了還能有所成就，這不是隨便行事就能成的。

【原文釋評】

白圭也是一個懂得「趨時」的成功商人，一旦發現買賣的時機一到，則「若猛獸鷙鳥之發」，當機立斷，也就是能夠預見市場上行情的趨勢變化，為人之所不能，先人一步，高人一等，做到「人棄我取，人棄我與」。要懂得經營之道，就要懂得商品經濟規律，重視商品品質，善於捕捉商機、隨機應變，一旦看準目標，就要像老虎下山，像猛虎撲食那樣的氣魄，那樣的凶狠、及時，也就是要像白圭那樣，既樂觀看待時事變化，又要有隨機應變的商業智慧。

市場預見

有人說，成功不在於做的事情比別人多，而在於動作比別人快。商人要有市場預見性，而市場預見性是建立在積極自主思考的基礎上，不但要預見市場，還要預見環境、預見政策，眼光放寬，善於總結，綜合分析，才能快人一步，佔據優勢取得成功。

【李老闆做生意】

李老闆原本是一個普通的農夫，可近幾年做生意做得非常成功，他家在城郊邊界的地方，有沂城的優勢，也有物價較低的優勢，於是就決定和老婆開一個小吃攤，從小生意做起，因為小本買賣不會投入太多成本，風險也不大。他還發現隨著生活水準的提高，都市人非常喜歡過夜生活，除了去ＫＴＶ還喜歡開夜車去兜風，玩累了就想找個地方坐下來吃吃東西。

於是，他也沒有特意租店面，在路邊支起一個小篷子，就開始和老婆一起做起生意，他們白天休息，晚上賺錢，收入可觀。有眼紅的人也開始學他們在路邊擺攤，雖然把李老闆的顧客分走了一部分，但無大礙，反而聽說這裡有了小吃街的消息而來光臨的人們越來越多。

可是李老闆卻沒有就此滿足，他又在小吃攤旁邊擺起了燒烤攤，因為他覺得比起一般的小吃，燒烤在香和味上很佔上風，符合大部分人的休閒喜好，很多人都會聞香而至，而且顧客坐下吃燒烤的時間比吃其他小吃的時間長，在吃燒烤的時候也會順帶喝點飲料、甜品之類的東西。就這樣，李老闆又靠改變思路招來了大批的顧客。

不久，李老闆的這個做法又引來了其他人的效仿，他們也紛紛同時擺上了小吃攤和燒烤攤。每到晚上，小吃一條街這裡一片燒烤的狼煙，成了一個顯著的污染源，李老闆有憂患意識，他覺得相關部門會慢慢地開始著手干預，到時做生意肯定很被動，想要繼續把生意做大，肯定要另外想辦法。李老闆率先從小吃街撤了出來，在附近找了個店面穩定經營，開始以主食經營為主、小吃經營為輔。正當小吃街上其他的老闆在為了政府的管制而苦惱時，李老闆已經在為下一步的經營打算積極思考了。

李老闆做的生意都是最普通的小本生意，其他老闆也和他一樣做著最普通的小本生意，但結果卻大不相同，原因就在於李老闆很有市場預見眼光，他不是處心積慮地想辦法打擊競爭者，而是專心致志地鑽研市場動態，隨時搶在別人前面做出經營調整，才有了日後的成功。

隨機應變

企業領導人的工作是，讓員工意識到認真解讀資訊的重要性，並且確保公司中擁有識別新趨勢的機制，當環境改變時，公司才能隨之改變並應對。也就是在意識上就要為未來的變數做好準備，等變數來到時隨機應變。

【法國沛綠雅】

一次，法國沛綠雅礦泉水公司的水質抽樣檢驗查出苯含量超標，當食品安全部宣布了這個消息時，在社會公眾中掀起了軒然大波。情況太突如其來了，讓人有些措手不及，但沛綠雅公司知道這個問題是不能迴避的，也不是光道歉就能搞定的。沛綠雅公司很快隨機應變，開展了一系列的公關活動，挽回了公司的形象損失。

首先，公司召開了記者會，在記者會上公開道歉，並且做出妥善處理的承諾，請社會各界共同監督；其次，總部下達命令，銷毀市場上的上億瓶礦泉水，並且用新產品補償。消息一傳開，又掀起一場軒然大波，因為這樣一來，沛綠雅公司的直接損失就達兩億，代價也太大了，但是沛綠雅公司不改初衷，堅決執行這個決定，一時之間，有關沛綠雅遭遇的報導大肆傳開來，每個人都知道了這個牌子的礦泉水。

這時，沛綠雅公司的公關戰略繼續推進，他們請著名的廣告設計師為他們設計了一個電視廣告，廣告上面先出來一瓶大大的沛綠雅礦泉水，瓶身稍傾，有一滴清澈的礦泉水從瓶口流出，猶如一滴眼淚，然後有兩個畫外音在對話，一個的小女孩的聲音在委屈地哭泣，一個父親的聲音慈愛道：「不要哭，我們依然喜歡你。」小女孩破涕為笑道：「我這是高興的眼淚！」這個廣告富有人情味，耐人尋味，收到了很好的效果，至此，沛綠雅公司徹底挽回了公司形象。

沛綠雅公司的公關人員們的確值得大加讚賞，這整個公關活動的策劃執行得流暢而絕妙，既表現了隨機應變的智慧，又表現了勇猛果敢的決斷，用堅守的意志做出了正確的取捨，具備了仁德，白圭說的這四項經商致富的資質都具備了，是以得到了好的預期成果。

烏氏倮——《富比士》的遺憾

【原文】

烏氏倮畜牧，及眾，斥賣，求奇、繒物，間獻遺戎王。戎王什倍其償，與之畜，畜至用谷量馬牛。秦始皇帝令倮比封君，以時與列臣朝請。

【語譯】

烏氏倮經營畜牧業，等到牲畜繁殖眾多的時候，就全部賣掉，再購求各種奇異之物和絲織品，暗中獻給戎王。戎王以十倍於所獻物品的東西償還給他，送他牲畜，牲畜多到以山谷為單位來計算牛馬的數量。秦始皇詔令烏氏倮地位與封君同列，按規定時間和諸大臣進宮朝拜。

【原文釋評】

烏氏倮不像一般的商人那樣老實地做普通老百姓的生意，而是選擇了與君主做生意——貢賜貿易。

其實，「貢賜貿易」就是包括土地分配、糧食生產、實物稅、地租與勞役等等內容在內的貢賦制度，他是古代中國一項基本的經濟政治制度，起源於《尚書・禹貢》，下面的階層向君主朝貢，但不是白白的進貢，為了展現君恩浩蕩，君主會還以賞賜物，而賞賜物又總是要比貢品的價值多出數倍，因為君主更看重的是那個跪拜大禮。這種貢賜物資交換關係也是一種商品的互通有無。烏氏倮正是用這種方式獲得了財富的聚斂，如果把烏氏倮對戎王的進貢看作是交易成本，他獲得的數倍於進貢的賞賜就是他的交易額，除去交易成本，他最終得到的是巨大的利潤。

這種交易方式的選擇展現了烏氏倮的智慧，商人必須是聰明人，在「智、勇、仁、強」中「智」是居於首位的，也就是要開動腦筋，逆向操作，不與人趨，出奇制勝，這些就是智慧的反映。以智慧贏得財富的例子有很多，下面就列舉幾個：

新瓶裝舊酒

發揮聰明才智不一定要絞盡腦汁大做文章，只要有靈光一現的奇思妙想，只需輕輕一筆帶過，就能取得成功，例如「新瓶裝舊酒」，內裡品質不變，只改外在容顏，都會讓人覺得耳目一新。

【原子筆改名換姓】

現在的原子筆已經是我們司空見慣的書寫工具了，可是它原來的名字並不叫原子筆，而是叫「比克」，但是它是因「原子筆」的名稱盛行的。這聽起來好像和原子彈有什麼關係，是的，確實是如此。

一八九五年的時候原子筆就在英國的市場上出現了，但是當時它的主要用途是在皮革上劃線，而不是用作普通書寫，是以銷路很窄，人們幾乎不知道它的存在。一九四五年八月六日，第一顆原子彈在日本廣島上空爆炸，有二十多萬日本人遇難，人們被原子彈的威力深深震撼了。美國芝加哥一個名叫雷諾的商人覺得這是一個發財的好機會，就把原子筆的名字改成了「原子筆」，抓住時機，大肆宣傳，稱他正在出售一種原子時代的筆，叫原子筆，就像原子彈那麼神秘，這種筆不用灌墨水卻比自來水筆要耐寫好幾倍。廣告宣傳激發出了人們好奇心，他們紛紛嘗試購買使用。很快，原子筆就風靡開來，連美國軍工部的都來採購，因為他們覺得這種筆自有儲墨，又不漏水，還不受氣溫冷熱的影響，很適合在高空書寫。雷諾藉機大發其財。

現在我們都清楚地知道了其實原子筆跟原子彈毫無關係，只是改了一個名字而已，但在當時而言，雷諾能憑藉智慧，在大事件中迅速地發現商機並加以利用是難能可貴的，這就是商人致富應有的智慧。

舊瓶裝新酒

有智慧的商人懂得變通之術，當遇到問題時，善於轉化，勇於嘗試，把困難變為機會，這有可能就贏得了下一個春天，就像舊瓶裝新酒一樣，瓶子還是那個瓶子，但是酒已經換成了新口味，經過人們的品嘗認可後，銷路就開了，而品牌也豎起來了。

【矮人餐廳】

美國人吉姆特納去菲律賓開餐廳，他認為菲律賓風景如畫，旅遊業興旺，有大量的遊客過往，餐廳生意一定會很好，誰知開業很久以後生意一直冷清。

有一天吉姆特納關了店門去街上散步，看到一個小矮人從身邊走過，他靈機一動，回去立即在餐廳門前貼了一張應徵啟事，上面寫著誠聘一百三十公分以下的經理、廚師、服務員等人員。過了幾天餐廳重新開業，裝修沒變，但卻讓人感覺餐廳的面貌煥然一新，餐廳裡面的員工全都變了，每個員工最矮的只有不到一百公分，最高的也不過一百三十公分，餐廳不久就以「矮人餐廳」的名號出名了，顧客們紛紛前往，都想看看傳說中的「矮人餐廳」是何真面目。

當服務員們抱著和他們差不多高的菜譜讓客人們點菜時，顧客們都覺得很有趣，在好心情中不知不覺就點了很多東西，而矮人服務員們都沒有絲毫的羞怯，鎮定自若、有條不紊地做著自己的工作，有時還要為客人們表演一番舞蹈，更是讓顧客們感受到了該餐廳良好的服務水準。至此，吉姆特納的餐廳就在人們的嘖嘖稱讚中聲名遠播了。

一樣的地理環境，一樣的店面，不一樣的特色服務，為吉姆特納的餐廳迎來了新的發展局面。商人就該學習吉姆特納，用智慧的力量在舊瓶中裝上有自己特色的新酒，顧客們都會願意聞香而至。

蜀卓氏——用鐵治富

【原文】

蜀卓氏之先，趙人也，用鐵冶富。秦破趙，遷卓氏。卓氏見虜略，獨夫妻推輦，行詣遷處。諸遷虜少有餘財，爭與吏，求近處，處葭萌。唯卓氏曰：「此地狹薄。吾聞汶山之下，沃野，下有蹲鴟，至死不饑。民工於市，易賈。」乃求遠遷。致之臨邛，大喜，即鐵山鼓鑄，運籌策，傾滇蜀之民，富至僮千人。田池射獵之樂，擬於人君。

【語譯】

蜀地卓氏的祖先是趙國人，靠冶鐵致富。秦國打敗趙國時，就把當地的人遷徙外地。卓氏被虜掠了，只有夫妻二人推著車子，去往指定遷徙的地方。其他同時被遷徙的人，只要稍有多餘的錢財，就爭著賄賂主事的官吏，央求遷徙到近處的葭萌縣。只有卓氏說：「葭萌地方狹小，土地貧瘠。我聽說汶山下面是肥沃的田野，田裡長著大芋頭，形狀像蹲伏的鴟鳥，人到死也不會挨餓的。那裡的百姓善於交易，容易做買賣。」於是就主動要求往遠處遷，結果被遷移到臨邛，他非常高興，就在有鐵礦的山裡熔鐵鑄械，用心籌畫計算，財勢壓倒巴蜀、雲南地區的本土居民，以至富裕到奴僕多達一千人。他在田園水池盡享射獵遊玩之樂，可以比得上一個國家的君王。

【原文釋評】

這個卓氏也許沒有太多的經濟學識，但是卻懂得地理資源對營生的重要性，遷徙到葭萌縣這個貧瘠的地方，雖然近但卻沒有好的維生條件，一生就可能在貧窮中碌碌度過了，但是卓氏最終遠離家鄉到了地理條件優越的汶山去，試著利用自然資源勤奮創業，直至發家致富，做到了知地取勝。司馬遷舉出卓氏的這個例子，表現了司馬遷主張因地制宜的經濟思想，這個例子看上去只是在強調佔據資源優勢的重要性，但其實放大來看，就是提點我們要充分掌握自然條件，不論是資源、交通，還是民風、人俗，皆要遵從順應，才能良好的為自己所用。

巧用地理

大自然的地理環境在客觀上是不可更改的，有的商人運氣好，佔據了很好的自然條件，有了很好的經營起點，就要好好珍惜、好好利用，暫時還沒有好的自然條件的商人，也要努力爭取，想想你腳下的這塊地是不是真的一無是處，如果不是，你就已經發現了它的可利用之處了。

【旅遊景點】

大菁梁子位於一座深遠的大山中，一聽它的名字就知道，那是一個偏僻荒涼的地方，所謂的「梁子」，也就是一段連續十八公里的上坡地，而且上面的氣候多變，草叢枯死了垂仕地面上，鋪蓋了凹凸不平的山路。

那裡居住的幾乎都是窮了幾代的莊稼人。後來一個年輕人站了出來，大膽地設想在大箐梁子上建一個類似於「原生態」的旅遊景點，發展特色旅遊。在他看來，西藏那麼遙遠那麼缺氧的地方都以目己的神秘和特色吸引了萬千遊客，在這個原始神秘的大山梁子裡，也蘊藏著吸引遊客的巨大潛力。在政府的支持和鄉親們的合力下，簡陋的木屋就著山勢搭起來了，人們又將飼禽區、釀酒區、種植區等分區管理，為旅遊寨子做好後應。

寨子先是進入了試營期，邀請了一些遊客來這裡免費遊覽駐紮，讓他們喝檳榔酒、吃特色菜、跳篝火舞、遊木屋寨，遊客們都被那森巒疊嶂、溪水潺潺的原始自然景觀吸引了，一傳十，十傳百，來的人漸漸多了，這裡成了有名的風景旅遊區，這個景點還被劃歸在了旅遊工路線中。

後來，大箐的人們又專門定了一天「賞寨節」回饋給廣大遊客，給遊客們打折消費的優惠，每到這天，在很遠的地方都能看到大箐梁子上遊客們匯成的歡樂海洋。

是以，有地理優勢就用地理優勢，沒有地理優勢就打造特色，有時候劣勢就能形成自己的一大特色，那也是地理環境的一大恩賜。想想有一位哲人說過的一句話吧，大意是：世界上本沒有路，路都是人走出來的。

深諳民俗

深諳民俗，用現在的話來說，就是要懂得消費者行為，研究消費者在獲取、使用、消費和處置產品、服務的過程中所發生的心裡活動和行為規律，才能制定行銷策略，有效的指導市場銷售，取得佳績。就如某地的人們沒有穿鞋的習慣的時，就不要去那裡賣鞋子，因為他們不會有購買動機，也就不會有購買的心理活動或決策，除非你是想改變他們的習慣且能改變他們的習慣以開拓新市場，否則作為日常的銷售來說，花費的成本是很大的。

【人像火柴】

在第二次世界大戰的時候，美國有一家火柴廠生意很不好，再加上戰爭的影響，火柴廠的火柴更是嚴重滯銷，火柴廠面臨著倒閉的局面。火柴廠老闆費盡心思地思索對策，希望能挽救自己辛辛苦苦建立起來的工廠，最後他終於想到了一條妙計。

他叫工人們在火柴盒上印上希特勒的畫像，再把擦火用的磷塗在希特勒的畫像上，當火柴劃燃的時候，「希特勒」的畫像就被吞沒在了火中，每劃一根火柴，「希特勒」就被「燒」一次。火柴盒的包裝改了以後，銷量大增，因為愛好和平的人們都很痛恨希特勒，都希望在劃火柴時能「燒」他來解解氣。

火柴廠起死回生了，老闆保住了自己的心血，這就是因為老闆抓住了消費者的心理。只要研究掌握了消費者行為，就能依據指導設計新產品和改進現有產品，緊緊圍繞著消費者的心理做文章，才能讓自己的商品銷路順暢。

宛孔氏——通商賈之利

【原文】

宛孔氏之先，梁人也，用鐵冶為業。秦伐魏，遷孔氏南陽。大鼓鑄，規陂池，連車騎，游諸侯，因通商賈之利，有游閒公子之賜與名。然其贏得過當，愈於纖嗇，家致富數千金，故南陽行賈盡法孔氏之雍容。

【語譯】

宛縣孔氏的先祖是梁國人，以冶鐵為業。秦國攻伐魏國後，把孔氏遷到南陽。他大規模地經營冶鑄業，並且規劃開闢魚塘養魚，車馬成群結隊，經常四處遊歷拜訪各地諸侯，藉此牟取經商發財的便利，博得了游閒公子樂施好賜的美名。然而他獲利很多，大大超出施捨花費的那點錢，勝過吝嗇小氣的商人，家中財富多達數千金，是以，南陽人做生意全部效法孔氏的從容穩重和舉止大方。

【原文釋評】

世界在發展，行業與行業之間、商人與商人之間的合作越來越緊密，打通人脈就是打通了財路，各種商機在面前經過的時候才能有機會把握，孔氏在秦國時期就已經懂得了這個道理，商者無域，是以他遊訪各諸侯國，拜訪各諸侯，禮尚往來後獲得的各種經商便利讓他的致富之路越走越順，經常是花費小錢而獲得了大買賣，以至財富達以千金計。是以，成功的商人要有寬大的胸懷，用「利他」之心來經營，他人得到了你的實惠，也必定會回報在你的業績上的，樂善好施的企業總是比錙銖必較的企業受到更多的歡迎和尊敬，有形資產和無形資產也能更多更快的增長。

利他原則

在今天，「利他」已經不僅僅指打理良好的人脈關係了，還要指讓利給消費者、關懷消費者，懷仁德的心，賺道義的錢。正如「得民心者得天下」，贏得了消費者的心，就贏得了消費市場。

【「百貨王」中內功】

第二次世界大戰後，日本國內一片廢墟，生活物品匱乏。中內功在一九五七年白手起家開辦了一家名為「主婦的店鋪」的小商店，經過一段頑強奮鬥，成立了「大榮百貨店」，中內功透過二戰就已經認識到：人類必須在互助中才能生存，是以他對顧客、員工及供應商都抱這種態度。

在大榮百貨店成立伊始，中內功就對店員們說：「物美價廉，大量銷售，這就是我們的經營理念」；還提出，「零售業的物價不該由廠商和批發商來決定，而應該由我們來決定，要先瞭解顧客願意購買的價格，作為採購物品的基準。」因為中內功認為把採購價錢再加適當利潤當作零售價錢的方式，絕不是正當的經營方式。此後，大榮百貨店就以「物美價廉，薄利多銷」作為經營宗旨，大量拓寬經營範圍，設立連鎖店。為了降低成本，採購到物美價廉的物品，中內功積極與生產者進行協調，有時就地貼牌生產以節省物流，有時現金採購支持生產者，有時運料自己加工，諸如此類的措施確保了物美價廉的貨源。為了實現「與消費者共同協調」的經營目標，中內功還提出了「十、七、三經營法則」，即「毛利十％，營業成本費七％、純利三％」，以保證顧客對購買價格的滿意。

就這樣，大榮百貨店在「物美價廉，薄利多銷」的經營宗旨下，依靠「與消費者共同協調」的經營要訣，經過短短十五年的努力，竟奇蹟般地超過了一批世界級的大公司，一躍而成為日本的最大零售業集團，令世人讚歎不已。

後來，大榮連鎖店發展到四十七家，成為日本第一家擁有眾多連鎖店的超級百貨企業——三越公司，成為日本最大的零售業集團。

再後來，隨著日本經濟社會的發展、民眾生活水準的提高，時時強調「與消費者共同協調」的中內功大力擴大經營領域、拓展市場範圍，觸角伸向服裝、體育用品、旅遊、電子電腦、家用電器、飲食、建築、不動產租賃等產品和服務，滿足消費者在文化與精神需求上的多樣化、個性化消費傾向。

中內功是日本大榮百貨歷史的撰寫人，總結自己的成功歷程，中內功說：「大榮百貨的歷史，就是永遠追求滿足消費者需求的歷史。」中內功正是靠這些「利他」的措施始終保持「與消費者共同協調」，推動大榮百貨公司的興旺發達，推動日本商業地不斷前進。

薄利多銷

都說商人唯利是圖，這話不假，世上沒有願意做虧本生意的買賣人，但是有的商人很重視利潤的多寡，規定自己一定要能賺到足夠的利潤才肯出貨，但事實證明，在種類繁多的經商技巧中，最為經典的就是薄利多銷，一些商人只要有一點點利潤必將貨出手，他們比較看重現金流，用古話說就是「百賒不如五十現」，讓利給了消費者，消費者就用源源不斷的現金流來回報自己，樂善好施有時要比精打細算獲利更多。

【白送的大蒜】

名古屋有一家製酪公司，社長日比孝吉先生是一個樂善好施的人，有一次有人向他推銷一種無味大蒜，他嚐過之後感覺很好，就買下了這項技術。以後每當有客戶朋友到來，他就會贈送一些給他們嚐，客戶們的反應都很好，日比先生腦子一動，何不讓更多的人都知道無味大蒜的妙處？於是，他就廣泛地免費發放給人們試嚐。近的派車送，遠的就郵寄過去。這樣一來，大蒜本身的成本加上運費、郵資，他每年至少要花費一大筆費用。當後來大家越吃越上癮，不好意思再白要，就打電話過來，要花錢購買。自從免費發放無味大蒜以後，日比公司的營業額突飛猛進，第二年收入就超過七百億。

是以有人說，「『給予就是獲得』並非只是宗教中的一種境界，還是商戰中一招極有效的戰術。」顧客就是上帝，是上帝我們就要抱著虔誠的心去把他們伺候好，為他們提供優質的產品和舒心的服務，他們才能心甘情願地掏錢讓你賺取利潤。

曹邴氏——俯有拾，仰有取

【原文】

魯人俗儉嗇，而曹邴氏尤甚，以鐵冶起，富至巨萬。然家自父兄子孫約：俯有拾，仰有取；貰貸行賈遍郡國。鄒、魯以其故多去文學而趨利者，以曹邴氏也。

【語譯】

魯地民俗節儉吝嗇，而曹人邴氏最為突出。他靠冶鐵起家，財富多達幾萬錢。然而，他家父兄子孫都要遵守這樣的家規：低頭抬頭都要有所得，一舉一動都要不忘利。他家租賃、放債、做買賣遍及各地。由於這個緣故，鄒魯地區有很多人都丟棄儒學而追求發財，這都是受到曹邴氏的影響。

【原文釋評】

「俯有拾，仰有取」，意思是低頭拾地上的東西，抬頭拿上面的東西，形容一舉一動都有收穫。李清照的《金石錄序》裡也提到這句話：「後屏居鄉里十年，仰取俯拾，衣食有餘。」古人曹邴氏以此作為家訓，就是要子孫們都要有開源節流的意識，養成節儉的好習慣，這就相當於我們今天的企業，越是富有的企業家越是崇尚節儉，越是強大的企業越是重視降低成本，確保扣除成本後的利潤能最大化。

【地主顏慶】

古時候，內湖地區有一個地主名叫顏慶，他擁有萬貫家財，但為人卻很節儉。他有四個兒子，為了培養他們刻苦節儉的精神，就叫他們在農閒時候，四處長途跋涉去賣香。

兒子們沒鞋穿，而顏慶卻不肯給他們買，兒子們問他怎麼辦，他對兒子們說，馬路邊經常有路人丟棄不穿的爛草鞋，但丟棄的一雙鞋當中往往有一隻還是好的，只要找到可以配對的兩隻草鞋，就可湊成一雙拿來穿了。

這個故事聽來讓人很難接受，堂堂大地主的兒子們在外辛苦跑生意不說，還得忍受父親的吝嗇，真是既想馬兒跑，又不想給馬兒吃草啊！但實際上我們也從中看到了這位地主的經濟頭腦，真是的的確確牢記「俯有拾，仰有取」，時時刻刻都不忘記算經濟成本，從這個角度上講還是有那麼一點可取之處。

有經濟專家指出，節儉不僅僅是美德，更是一種成功的資本，一種核心競爭力。在微利時代，只有節儉的企業才有生存發展的機會。企業的每一次開支都要當成投資，用在該用的地方，不該用的地方就不要亂花費，把節約融化在企業文化中，與企業制度相連，這樣執行就成為必然。

【節儉的益樂】

益樂公司是一家鼎鼎有名乳業公司，它的創辦人已經算是一位商界巨頭了，但數十年來卻保持節儉樸實的生活作風，這位身價上億的企業總經理從不安排金碧輝煌的會客廳接待客人，而是利用自己辦公室套間的簡陋客廳來作為接待客人的區域，而且茶几上永遠只是擺放著瓜子、花生等小食品。他重視員工節儉品質的培養，會對表現突出的人予以獎勵，到過益樂公司員工餐廳的人，都能清楚地記得貼在門口的一句醒目的話：「如果你打算剩飯，請不要在這裡就餐。」創辦人節約的生活習慣已經成為整個公司的節約習慣，公司也是以贏得了利潤的最大支點，跨入了成長性企業百強之列。

誠如巴爾札克說過的一句話：對於浪費的人，金錢是圓的；可是對於節儉的人，金錢是扁的，是可以一塊塊堆積起來的。「節儉是富貴之本」，這是一句永恆不變的真理。

刀閒——重奴虜

【原文】

齊俗賤奴虜，而刀閒獨愛貴之。桀黠奴，人之所患也，唯刀閒收取，使之逐漁鹽商賈之利，或連車騎，交守相，然愈益任之。終得其力，起富數千萬。故曰「寧爵毋刀」，言其能使豪奴自饒而盡其力。

【語譯】

齊地風俗是鄙視奴僕，而刀閒卻偏偏喜歡他們、重視他們。凶惡狡猾的奴僕是人們所擔憂的，唯有刀閒收留使用，讓他們追逐漁鹽商業上的利益，或者讓他們駕乘車馬，堂而皇之地去結交地方官員，並且越來越信任他們。刀閒終於依靠他們的幫助，致富達數千萬錢。是以有人說：「與其出外求取官爵，不如在刁家為奴」，說的就是刀閒能使豪奴自身富足而又能讓他們為他竭盡其力。

【原文釋評】

在當時的社會背景下，奴僕的身份是很低下的，處在社會底層，是被人瞧不起的身份，而且他們當中還有不少是有惡劣習氣難以馴服的人，對這群人刀閒卻大度容納，不僅包容他們而且重用他們，把他們優待得服服貼貼，讓他們心甘情願地為自己服務。用現代的眼光看，刀閒其實就是重才、容才的一個商業領袖，知道用人才的合力來幫助自己事業的發展。當一個企業想要真正運作甚至發展壯大的時候，毫無疑問需要人的參與，領導者需要在身邊聚集大量的人力資源。於是得人心，重人才，就成了一個成功企業必備的條件之一。

大度容才

3M公司的董事長里爾認為：一個人若是從來沒犯過錯誤，多半是因為他毫無建樹。人都是有缺點的，容人難，容人的缺點就更難了，領導著要有等待人才和培養人才的耐心，只要這個人是可塑之才，就最大限度地去包容他。

【中井的懷柔政策】

日本的千房公司是一家著名的食品企業，它的總裁中井政祠信奉「每個人都是人才」的理念。有一次，一個叫三宅的畢業生來公司應徵，三宅人很聰明，但是在學校的表現可以用惡劣來形容，不僅欺負同學，還毆打過老師。

中井再三考慮之後還是錄取了他，他對三宅說：「我們公司不介意你的過去，只關心你的現在和未來。」之後，三宅畢業的那天，中井政祠去三宅的學校參加了他的畢業典禮，這使三宅很受鼓舞，典禮結束後，三宅去向被他毆打過的老師誠懇的道了歉。在踏上工作崗位後不久，三宅的陋習又犯了，先後無故曠工了兩次，最後都是中井政祠將他找了回來，直到三宅第三次曠工時，中井沒有再去找他，只是給他打了個電話，對他說：「千房公司不是救濟院！能救你的方法，我全部都用了，如果你願意回來，還有一次機會。」

幾天以後，三宅回來了，他沒有解釋什麼，只是用行動去證明他改過的決心，這次三宅徹底改變了，他變得勤奮踏實，加上他聰明的天賦，幾年後就成了公司的主管。

管理者只有具備容才納賢的氣魄和度量，才能團結眾人，最大限度地發揮人才的效能。容才是激勵人才的一種方式，也是管人的一種方式。管理者的寬容品德能給予員工良好的心理影響，使員工感到溫暖貼心，由於感動而增強了責任感。

關愛員工

關愛員工就是關愛公司的發展，員工是公司的可開發資源，領導者應加強溝通，廣泛聽取員工們的意見，關注員工們的工作情緒，才有助於挖掘員工的工作潛力。很多員工不怕工作多，不怕工作累，就怕做了工作得不到上級的關照和認同。

【員工的委屈】

達能公司是一家科技產品研發公司，公司的工作氣氛一直很好，人際關係也很和諧，可最近一段時間，以少凱為組長的第二技術部門卻有些反常，工作時間大家都死寂般的沉默，每個員工臉上也是烏雲密布。

總經理感覺其中必有蹊蹺，就單獨和少凱談話瞭解情況。原來起因主要都是在剛調來他們部門的那個外籍工程師的身上，由於個性和語言文化的差異，那個外籍工程師在和中方工作人員的協調工作上不太理想，出現問題時，外籍工程師動不動就暴跳如雷，弄得該部門的每個員工都神經緊繃，而越是神經緊繃就越出問題，外籍工程師的脾氣就越大，是以員工們都變得心事重重而沉默寡言。

於是，總經理找到外籍工程師，與他做了一番溝通，他說：「工作中出現分歧是正常的，大家可以心平氣和地探討，下面的員工們有工作失誤是應該批評，但是不要輕易的大發脾氣，相信你也知道他們其實都是想把工作做好的，有問題大家就好好協商解決，如果下次你再想發脾氣，沒關係，可以來對我發，只是不要再對其他員工發脾氣了，好嗎？」一番懇切的談話讓那個外籍工程師連連點頭，回去後他也檢討了自己的錯誤，在後面的工作中也不暴躁了，第二技術部門很快恢復了以往的工作活力。

美國沃爾瑪公司總裁山姆・沃爾頓曾經說：「如果必須將沃爾瑪管理體制濃縮成一種思想，那可能就是溝通，因為它是我們成功的真正關鍵之一。」可見，溝通就是為了達成共識，實現溝通的前提就是讓所有員工一起面對現實，透過資訊共用、責任分擔，才可以實現良好的溝通交流，促進公司的發展。

師史——數過邑門不入

【原文】

周人既纖，而師史尤甚，轉轂以百數，賈郡國，無所不至。洛陽街居在齊、秦、楚、趙之中，貧人學事富家，相矜以久賈，數過邑不入。設任此等，故師史能致七千萬。

【語譯】

周地的居民原本就很吝嗇小氣，而師史尤為突出，他以車載貨返運賺錢，車輛數以百計，經商於各郡諸侯之中，無所不到。洛陽地處齊、秦、楚、趙等國的中心，其街巷的窮人在富人家學做生意，常相互誇耀自己在外經商時間長，屢次路過鄉里也不入家門。因為能使用這樣的人，是以師史能致富達七千萬錢。

【原文釋評】

成功的商人都是「智」、「勇」、「仁」、「強」的，他們成功的原因，不僅是因為他們有聰明的頭腦、過人的才智，還因為他們有堅強的意志，堅持不懈地苦幹實幹，在順境的時候是這樣，在逆境的時候也是如此。

師史身處吝嗇習氣很重的周地，那個地方的人做生意以過家門不入而自豪，可知師史也是這樣的人，撇開他過家門不入的對錯來談，至少說明了師史的意志力很堅定，專注力很強，是以他能致富不是沒有道理的。舉出師史這個事例的太史公司馬遷，自己本身也是意志很強的人，在受盡磨難後依然堅強的活下去，寫出了《史記》這個不朽的巨著，可見堅強的意志力是何等重要。

孟子說：「天將降大任於是人也，必先苦其心志，勞其筋骨，餓其肌膚，空乏其身，行拂亂其所為，是以動心忍性，增益其所不能。」磨難固然痛苦，但它可以砥礪氣節、提高勇氣、堅持態度。成功的人不一定要像司馬遷經歷一番重大磨難，但是能從艱難的逆境站起來走過去的人更有希望做出佳績。

漢字電腦大王王永民說過：「沒有絕對平坦的道路，汽車在玻璃和冰上反而跑不了，要前進必須有一定的摩擦力。」商場多變化，優勝劣汰法則滲透到商品經濟社會各個角落和社會活動的方方面面，前一秒你還在雲端，下一秒也許就臨深淵了，沒有堅強的意志，是邁不過坎坷的。商人不能選擇商場的變化，卻能選擇對待商場變化的態度，意志力正是實現這種改變至關重要的因素。

【三菱的理論】

誕生於明治時期的日本三菱公司，在他一百六十多年的發展中，曾經經歷了七次大的經濟危機，卻都成功的挺過來了，每逢一次世界經濟危機的到來，很多企業都鬼哭狼嚎，有的萎靡不振，有的相繼倒閉，但是日本三菱公司都會為自己的員工打氣說：「機會來了，我們的敵人就要死了！」按照三菱公司的理論，經濟危機會讓自己的競爭對手被自然淘汰，是以三菱公司至今仍然屹立不倒於世界之林。

在三菱公司看來，經濟危機的發生是市場的驗金石，推動各個市場參與者的重新洗牌，優勝劣汰，自己堅持下來了就能繼續發展下去，把不能堅持的實力薄弱的競爭對手淘汰出去，這樣一來，淨化了自己以後的發展環境，反而是一大利事。

還有一個同樣類似的例子是這樣的，有一個大徐村曾是養鳥之鄉，奇珍異鳥不計其數，家家戶戶都飼養鳥兒，但有一年大徐村的鳥兒們卻遭遇了一場病害，有的發病死了，有的被迫進行撲殺了，村民們損失慘重，哀聲載道，紛紛摔了鳥籠不再飼養。但是有一個叫小左的人卻默默地拾掇好自家的鳥籠，把養鳥的行業堅持了下來。後來，事實證明這只是一場意外的天災，養鳥之鄉依然聲名在外，因此市場復甦後小左得到了很好的回報。

在逆境中堅持，商場上就該如此。企業遇到困境是難免的，但是只要踏過逆境，征服了磨難活下來，它的生命力就是很強的。是以想要成為成功的商人，就要有隨時準備好迎接各項挑戰的心理意志。

宣曲任氏——富而主上重之

【原文】

宣曲任氏之先，為督道倉吏。秦之敗也，豪傑皆爭取金玉，而任氏獨窖倉粟。楚漢相距滎陽也，民不得耕種，米石至萬，而豪傑金玉盡歸任氏，任氏以此起富。富人爭奢侈，而任氏折節為儉，力田畜。田畜，人爭取賤賈，任氏獨取貴善。富者數世。然任公家約，非田畜所出弗衣食，公事不畢則身不得飲酒食肉。以此為閭里率，故富而主上重之。

【語譯】

宣曲任氏的先祖，是督道這個地方守倉的官吏。秦朝在敗亡的時候，豪傑們全都爭奪金銀珠寶，而獨有任氏挖地窖儲藏糧食。後來到了楚漢交戰的時候，兩軍相持於滎陽，農民無法耕種田地，市場上的米價每石漲到一萬錢，任氏把糧食賣出去，豪傑們先前搶得的金銀珠寶全都拿來和任氏換糧食了，任氏是以發了財成了富翁。一般富人都相互攀比，生活奢侈，而任氏卻崇尚節儉，致力於農田畜牧。田地、牲畜，一般人都爭著低價買進，任氏卻專門買價格貴而品質好的。任家幾代人都很富有。但任氏有一條家規：不是自家種田養畜得來的物品就不穿不吃，事情沒有做完之前不能喝酒吃肉。他用這些來作為鄉里表率，是以他在經濟上富有，在社會上的地位也很高，連皇上都很尊重他。

【原文釋評】

在司馬遷的經濟思想中，多處提到了「素封」一說，強調了一個人的權勢、地位總是和他所擁有的物質財富緊密相連的，如前面提到的子貢、烏氏倮、寡婦清等，都和這裡的宣曲任氏一樣，是因為富裕而受到君主的厚待，他們的財富不比君主少，得到的享受也不比君主少。宣曲任氏也是很懂得囤積居奇，也注重行為操守，在眾人都趨向一個方向去思考問題時，他卻以求異思維做出了不一樣的選擇，後來還在鄉里率先立定了自家「企業」的「企業規章」，成為一大標榜。這些都能充分看出任氏宣曲作為一個「企業」領導者的優秀素質。

在經濟學理論上講，資源包括資本、土地、勞動力和企業家四個構成要素，前三個構成要素都很簡單，唯獨第四個要素有豐富的內涵，包括了企業家才能、企業家精神等，多個方面。

在現代企業的發展中，越來越崇尚「以人為本」的思想，而作為管理者的企業家精神也日益受到人們的重視，也被認為是一種稀缺的資源。國際管理學院在分析國家競爭力時有一項就是「企業家精神」，其中位居第一的就是企業家的創新精神。所謂富有創新精神，就是要有創造革新的精神，不趨大眾的求異思維。

另闢蹊徑

企業是在不斷創造革新之中向前發展的，在日新月異的現代社會，只有擁有創新精神才能趕上時代前進的步伐，適應消費者的需要。對於一個企業家而言，創新精神表現為發現其他人沒有發現的機會、運用其他人沒有運用的資源、採取其他人沒有想到的辦法，搶佔發展的制高點；對於一個企業而言，創新包括了很多方面：體制創新、技術創新、產品創新……

【奶箱小提手】

傑瑞是某牛奶事業部門的員工，有一次在節日前去沃爾瑪購物，看到商場裡人頭湧動，非常擁擠，在商場裡購買了整箱牛奶的消費者在搬運過程中都非常吃力，如果再同時搬運其他商品，更是疲累不堪。而那天由於是購物高峰，商場的停車場已經滿得不能進車了，商場管理員又不允許將購物車推出以避免混亂，消費者們只有往返好幾次才能將購買的牛奶及其他商品搬上車，傑瑞對這番情景印象深刻，回去後就在想怎樣才能讓消費者們在買牛奶的時候輕鬆一點。後來有一天，他買了一件衣服拎回家時，突然注意到了紙袋上有一個小把手，能不能也把它裝在牛奶箱上？傑瑞的這個想法一經提出就得到了公司管理階層的認同，並且馬上付諸實施。果然，在箱子上安裝一個小把手後，消費者們在購物時就方便多了，這個關懷消費者創意得到了很好的回報，牛奶公司當年的牛奶銷量大增。不久以後其他牛奶公司也紛紛效仿，一個小小的提手拉動了一個行業。

是以提到「創新」這個詞時，也不要就認為是很高科技的東西，創新並非要在實驗室裡進行，只要平常多留心勤思考，也能想出很棒的新點子，為你的企業注入很大的新活力。就像看一個人的品行可以「以小見大」一樣，小點子也是可以造就企業大革新的。

【多功能冰箱】

海爾是一家著名的冰箱生產企業，最初它進軍美國市場的時候，美國市場上的冰箱都還是在六〇公升以上的，然而海爾企業發現美國的家庭人口正在變少，家庭裡需要的冰箱也更加小容量化，大學校園裡的學生就更是如此了。於是海爾企業生產出了一種六〇公升的小型冰箱在校園販賣，結果很快風靡，甚至超過了海爾的預期。經過調查後海爾發現，這種小型冰箱如此受歡迎的原因，是因為它的高度和平整的頂面很適合在狹窄的學生宿舍裡當書寫桌，於是海爾對這款冰箱做進一步的改良，在冰箱的頂面做了兩個折疊板，當學生用它當書寫桌的時候，可以將桌面延展得更大些，還在折疊板下做了一個抽拉板，可以放電腦鍵盤，這樣又可以當電腦桌用了。這個改良又獲得了認可，並迅速提高到美國市場五〇％的佔有率。

市場額度是一定的，就像是一鍋粥，大家都來搶這鍋粥，勢必是人多粥少的局面，最後弄得大家都沒飯吃，是以只有創新能夠保障企業沿著更遠的方向發展，創新思想可以增強企業的競爭力，充分發揮創造性，這樣才能為企業帶來更大的效益。

反彈琵琶

反彈琵琶，也就是逆向思維。突破思維定勢，從人們淡忘甚至遺忘的角度切入，或從常規的反面入手，往往會別有洞天，也就是要求異，使自己的企業經營獨闢蹊徑，成就一番創新，有時甚至能在不利的局面贏得意外的扭轉。

【阿根廷香蕉】

美國推銷奇才鮑洛奇曾經在一家水果店的工作，這家店裡的水果質優實惠，整條街上就數他的水果賣得最好。有一次，他老闆的貯藏香蕉的倉庫遭受了一場不大不小的火災，這批香蕉外皮都被烤黑了，老闆把這批香蕉交給鮑洛奇，讓他全部銷售掉。這讓他很鬱悶，根本沒有人會買烤焦的香蕉嘛，這批香蕉鐵定賣不出去了。

他順手摘了一個香蕉剝了塞嘴裡，發現這些香蕉內部都還完好，被火燻烤了一下反而還別有一番風味兒，於是他靈機一動，想出一個主意。他把這批香蕉擺到了攤上，別的水果店老闆一看都樂了，一堆黑黑的香蕉誰買呀，除非是腦子有毛病。只聽得鮑洛奇高聲叫賣道：「看一看，嚐一嚐，本店新進的阿根廷香蕉，獨特道地的南美風味，不容錯過！」

很快，他的攤位就被顧客圍了個水洩不通，大家都擁來看「阿根廷香蕉」是什麼樣的，有好奇者試著買了一兩個來嚐後覺得確實味道特別，於是再多買幾個，其他的人見是好貨也不甘落後，也紛紛搶購起來。

就這樣，在很短的時間內這批黑香蕉就被顧客搶購一空，還是以比原價高一倍的價錢銷售光的。還有許多聞訊而來卻沒有搶購到的人們失望不已，急問鮑洛奇何時再進貨。

鮑洛奇打破常規、突發奇想的智慧讓自己走出了不利的處境，他最終巧用劣勢賺了一大筆錢，因禍得福，難怪他後來被譽為美國的「商界天才」。是啊，有時候，只要你正確面對逆境，想出奇妙的點子，也可能獲得財源的管道。

奇思妙想

在現代社會，人們都講求個性、追趕新奇，特別是在商品大類越來越趨同的情況下，企業只有不斷細化產品，尋找縫隙市場，才能滿足市場變化，這就需要積極思考，不斷創新，盡量從迎合消費者需求變為引導消費者需求。

【椰萊娃娃】

美國一家生產玩具的企業透過市場調查分析總結出一個問題，那就是西方國家已經普遍出現人口的負增長，人口老齡化越來越嚴重，年輕人喜歡孩子但又不願生育，而老人們沒有子女在身邊，生活得非常孤獨寂寞。這家玩具企業的老闆用碎布生產出一種名叫椰萊娃娃的玩偶，對它進行了人格化設計，在玩偶娃娃的屁股上印上虛擬的某某接生人員的名字，附帶一張出生證明，上面寫有這個玩偶娃娃的姓名、體重、手印和腳印，人們在購買時需辦理領養手續。椰萊娃娃推向市場後，立刻就證明了它能滿足年輕人的心理需要和老年人的情感寄託，深受廣大消費者的歡迎。

這家玩具企業從消費者的心理需要出發，生產出富有溫馨感覺的產品，從情感情上引導人們形成消費，用美好的創意佔據了市場。

是以，創新是一個企業的靈魂，企業要更快更好地持續發展，必須堅持創新精神，不斷走創新之路。不管是什麼方面、什麼方式的創新，只要有利於企業發展，都可以大膽的去巧思妙想。

無鹽氏——富敵關中

【原文】

吳楚七國兵起時，長安中列侯封君行從軍旅，齎貸子錢，子錢家以為侯邑國在關東，關東成敗未決，莫肯與。唯無鹽氏出捐千金貸，其息什之。三月，吳楚平，一歲之中，則無鹽氏之息什倍，用此富埒關中。

【語譯】

吳楚七國起兵反叛漢朝中央朝廷時，長安城中的諸侯封君要跟隨軍隊出關作戰，需要借貸有利息的錢，但高利貸認為各諸侯封君的食邑、都國都在關東地區，而關東戰事的勝負還沒有決出，是以沒有人肯把錢貸給他們。只有無鹽氏拿出千金放貸給他們，其利息為本錢的十倍。三個月後，吳楚被平定。一年之中，無鹽氏得到了十倍於本金的利息，以此而富敵關中。

【原文釋評】

這件事是發生在「七國之亂」的時候，長安城中的將軍、丞相帶軍出征，向高利貸借錢。但是這些高利貸主認為這些將相的封地都在關東、山東、安徽這些地方，這裡又被叛軍佔據著，戰事勝負未分，借錢出去存在很大風險，但小商人無鹽氏卻敢於冒這個險，把錢放貸給他們，吳楚叛軍被平定了，無鹽氏得到了巨額利息，事實證明他當初冒的那個險是冒對了。

商人就要像無鹽氏那樣，有時必須要看好機會，想他人不敢想，做他人不敢做，有勇猛精進的精神，提前下手，敢於冒險，一旦超越成功，就會收穫豐厚。

在「企業家精神」的專項名額中，還有一個重要的精神就是冒險精神，也就是所謂的「膽商」（Daring Intelligence Quotient，英文縮寫DQ），它是一個人膽略、膽識和膽量的度量標準，是人們做決斷時敢於拍板的勇氣。具有冒險精神，企業家才會領導大家開闢新的市場、拓展新的業務、走向新的發展，具有冒險精神，企業家才敢果斷的挑戰新困難、迎接新的機會，為企業的未來思索良方。

許多成功商人的膽量都是很大的，他們一旦看準時機，就敢想敢幹，果敢開闢事業之路，像李嘉誠、霍英東等，他們都是在貧寒中成長，白手中起家，沒有後路，沒有他助，憑著自己的冒險精神，闖出了事業的天空。

風險投資

風險投資是一種將資金投向風險較大，具有較高技術含量的新創企業以謀求高收益的特殊商業性活動。在當今的世界環境下，在世界範圍內，風險投資越來越受到人們的關注。它是一種長期性、高風險、高回報的投資。

【菲勒的投資】

狄奧力・菲勒出生在一個貧民窟，但他天生就有賺錢的眼光，他銷售過小五金、電池、檸檬水等，每個銷售他都得心應手，後來的一次機會，他靠一堆賤購來的絲綢發了家。菲勒喜歡在夜晚時分去港口的一個地下酒吧喝酒，有一天菲勒在醉醺醺的狀態下和幾個同在酒吧喝酒的日本水手聊起天來，日本水手藉著酒精的力量不斷抱怨著這次航海運輸當中遭遇的風暴天氣，他們千里迢迢從日本運來的一批絲綢都被浸濕了，各種顏色的染料混在一起，把整船絲綢浸染呈雜色，這批絲綢的數量足足有一噸之多。

日本商人頭痛至極，不知怎麼處理，賤賣吧，誰也不肯要這樣的「水貨」，等船上岸後找地方扔掉吧，又怕遭到環境部門的清查和處罰。是以他們不斷的抱怨著，都覺得只有將這批絲綢原路運回，然後扔在離岸較遠的海域裡，就當這次出航算白跑了一趟。言者無心，聽者有意，菲勒表面上不動聲色，但私下卻盤算了一番，他覺得他遇到了一個機會，但是不到最後關頭，也不知道結果會怎樣，最終他還是決定試一試。於是第二天，菲勒來到運絲綢的航船上，要求船長把那批令人頭痛的絲綢給他，他能幫忙把它們處理掉。船長大喜過望，就將滿船的絲綢給了菲勒。菲勒不花一文，就擁有了這一噸混染了色的絲綢，他以最快的速度把這些絲綢送到工廠，把它們訂製成迷彩衣、迷彩褲、迷彩帽子等，然後推到市場。很快的，市場上就充斥了大量的迷彩物品，人為的帶動人們進入了迷彩流行的時代。等這批「問題絲綢」被菲勒處理完了的時候，他已經為自己創造了十萬美元的財富，菲勒從此真正向大商人的道路前進下去。

兵行險招，付出多大的冒險，才有可能得到多大的成就，商人應該主動去抓住時機，而不是坐等時機，在面臨有風險的機會時，明智的選擇，果斷的投資，才有可能得到豐厚的回報，就像無鹽氏一樣。

商界大家成為巨大財富擁有者的原因，就在於他們有一個善於思考的大腦。其實，賺錢的途徑很多，只不過每個賺錢的途徑都被蒙上一層薄薄的窗戶紙，關鍵在於你是否有能力看到這層窗戶紙，和你是否願意用一根手指捅破那層窗戶紙。

超越自我

一個企業家想要獲得成功，必須要有冒險精神。對一個企業來說，不敢冒險才是在冒最大的風險。美國3M公司就有一個很響亮的口號：「**為了發現王子，你必須和無數個青蛙接吻。**」這句話很容易讓人聯想到《王子與青蛙》的童話故事，如果公主看到眼前醜陋的青蛙就心生畏懼不敢上前給牠一個吻，就不可能讓青蛙變回成英俊的王子！親吻了青蛙不一能找到王子，但是不親吻青蛙就一定不能找到王子，「如果你不想犯錯誤，就什麼也別幹。」

【霍金斯外揚家醜】

亨利・霍金斯是美國亨利食品加工公司的總經理，有一天他從商品化驗鑑定報告單上發現，他們生產的食品配方中發揮保鮮作用的添加劑有毒，毒性不大，但長期服用對身體有害，可能致癌，如果不在食品配方中加入這個添加劑，又會影響食品的新鮮度。當時，其他食品加工公司也在配方中使用這種添加劑，霍金斯想把此事公布於眾，以維護廣大消費者的利益，但他知道這樣做的話會引起同行業者的強烈反對，說不定他們會聯合起來整治亨利公司，公司將受到很大損失。考慮良久後，亨利還是毅然向社會大眾宣布：某某防腐劑有毒，對身體有害。果然，他的言論一發表，立刻引來其他食品加工企業老闆的不滿和指責，有的說他吃裡扒外，有的說他為了抬高自己打擊別人，他們還利用各種手段聯合起來對亨利公司進行攻擊，亨利公司到了瀕臨倒閉的邊緣。

然而，群眾的眼睛是雪亮的，在社會的輿論波瀾漸低的時候，人們悟出了亨利公司為顧客著想的良苦用心，它寧可外揚家醜也要維護消費者的健康利益，覺得這樣的公司才是值得信賴的公司。亨利公司得到了社會大眾的支援，恢復了受損的元氣，經歷這個事件後，亨利公司的知名度大大提高，慢慢地坐上了美國食品加工工業第一把交椅！

在這個事件中，亨利公司無疑是冒了一個很大的險，它冒這個險既是偶然也是必然，說它是偶然，是因為如果不是偶然發現食品添加劑的危害，也就不會發生這次事件；說它是必然，是因為這個食品添加劑的危害確實客觀存在，遲早都會露餡，如果是等到哪天食品監察部門檢查到公布出來，對整個行業都是突如其來的打擊，亨利公司也不能倖免。是以，亨利公司的這次冒險是值得的，促進了公司的發展，保證了行業的長遠利益。

經營企業是一種挑戰自我的過程，不能瞻前顧後、患得患失，要有勇於承擔失敗的決心，以更大的膽量、更快的速度、更奇的招數主動出擊，才能搶佔先機，脫穎而出，獲得成功。是以對商人而言，冒險精神很重要。

汲古閣 24

史記裡的經濟學
貨殖列傳

企劃執行	海鷹文化
原著	司馬遷
編譯	白鷺
美術構成	騾賴耙工作室
封面設計	ivy_design
發行人	羅清維
企劃執行	張緯倫、林義傑
責任行政	陳淑貞

出版者	海鴿文化出版圖書有限公司
出版登記	行政院新聞局局版北市業字第780號
發行部	台北市信義區林口街54-4號1樓
電話	02-2727-3008
傳真	02-2727-0603
E-mail	seadove.book@msa.hinet.net

總經銷	知遠文化事業有限公司
地址	新北市深坑區北深路三段155巷25號5樓
電話	02-2664-8800
傳真	02-2664-8801

香港總經銷	和平圖書有限公司
地址	香港柴灣嘉業街12號百樂門大廈17樓
電話	（852）2804-6687
傳真	（852）2804-6409

CVS總代理	美璟文化有限公司
電話	02-2723-9968
E-mail	net@uth.com.tw

出版日期	2024年10月01日　三版一刷
	2025年02月05日　三版五刷
定價	320元
郵政劃撥	18989626　戶名：海鴿文化出版圖書有限公司

國家圖書館出版品預行編目（CIP）資料

史記裡的經濟學：貨殖列傳 ／ 司馬遷原著 ； 白鷺編譯.
-- 三版. -- 臺北市 ： 海鴿文化，2024.10
面 ； 公分. --（汲古閣；24）
ISBN 978-986-392-535-4（平裝）

1.（漢）司馬遷 2. 經濟思想 3. 經濟史 4. 商業管理 5. 中國

550.92　　113013600

SeaEagle

SeaEagle

SeaEagle

SeaEagle